ミロクの世界の幕が開く！

福島教義
Fukushima Noriyoshi

たま出版

はじめに

私が前著『言霊《ことだま》で解くミロクの大原理』（たま出版）を上梓したのは、平成十八年（二〇〇六年）六月のことです。

あれから約三年の月日が流れましたが、その間、世界は大きく変動してまいりました。なかでも、サブプライム問題に端を発した〝百年に一度〟の金融・経済危機は、最も大きな変動ですが、そうした変動を体験するにつけ、ミロクの時代の到来が迫っていることをひしひしと感じております。

そこでこのたび、世に警鐘を鳴らすために、前著を大幅に改定して世に問うこととなりました。

みなさまもご存じのとおり、「ミロクの世」とは、神と人、自然と人とが一体になった新しい文明のことです。これは「真の生命文明」とも呼ぶべきもので、大本教の出口王仁三郎が『霊界物語』で預言として述べているように、いわゆる三千世界の立て直しの時が訪れ、そのとき人々は未曽有の体験をすることになります。

そしてそのときが、いよいよ始まろうとしているのです。

ぜひ本書を読んでいただき、読者の方々が「そのとき」に向けて心構えをしていただき、「ミロクの世」、すなわち真の生命文明を生きていただけるようになれば、筆者としてこれにまさる喜びはありません。

ミロクの世界の幕が開く!

目次

第一章　三位一体の大原理とEM技術

第二章　千島理論とミロクの世の到来

第三章　ミロクの原理と運命の数字

第四章　科(仮)学文明の限界と環境ホルモン

※本書は、『言霊《ことだま》で解くミロクの大原理』（二〇〇六年発行）を大幅に改定・増補したものです。

第一章　三位一体の大原理とＥＭ技術

言霊に宿された神のみ意

本書は、神による創造について、人類史上初めて本格的に述べたものです。〝神は光なり　言霊《ことだま》なり〟の真の意味が、ついにわかる時が来たのです。

万国《よろずくに》、すなわち世界各国のコトバも文字も、神が「アイウエオ」・「ヒフミ」・九気暦・易の基本型の『先天八卦図』などを根源語として、すべて統一してつくられていますから、コトバには神のみ意と力が宿っています。神の「カ」の言霊には、力そのものが内在しているのです。

天地万象一切は、さらにはるかに高い次元（おそらく七次元）のタテ（火・日・陽・霊）に貫く神（カ）学によって創られました。

一次元のものは、二次元の面を見ることができず、線だけしか見えません。そして、二次元のものは、三次元の立方体の面だけの〝影〟を見ることになります。

ある次元を持つ空間は、それより一つ高い次元を持つ空間から観察されたとき、初めて明確な姿を現し、全体的に操作されます。
「タテ・ヨコ」二つの霊の結び（ムスビ）で一体とナ（十字）るからビとなり、カ十《ミ》（火十《水》）となります。神は隠り身で、肉の目には無（ム）にして生み出す仕組み、産土の力、産霊のムウ力を出します。ゆえにカミでカムなのです。これは、神代元始まり神のことで、もとは「ナァム」と申されていました。

ナは、タテの「火」・「陽」と、ヨコの「水」・「陰」が、「タテ・ヨコ」十字に一体とナル、産霊の形（象）です。象《カタ》神名《カナ》ですから、向かって右が左で、タテを主軸に左回転の形になっています。

産霊の力は「火・水・土」の産土力となってナ（ア）ム（ウ）――「無」↓「有」で生まれてきます。母音のアとウが必要なわけです。

アは、火・日・陽・霊・神・天・明・光・五。「生り成り」には、万生、アの気（神気）をいただかねばなりません。

アが元で、アよりホドケるとナム（成無）と化してしまいます。
「ナは元々ヌアなればなり」

とお示しになっていて、「アイウエオ」は母音と子音が一体の象神名《カタカナ》であることがわかります。

アイウエオ
カキクケコ
サシスセソ
タチツテト
ナニヌネノ
ハヒフヘホ
マミムメモ
ヤイユエ㋵
㋶リルレロ
ワヰウヱヲ
ン

「ヒフミ」　ミロク（「火・水・土」）

一二三四五六七八九十

メシア　　神性化（神・人合一、自然・人一体）

ミロクの大原理の前にメシア（救世主）がおられます。イエスの預言「真理の御霊《みたま》が世に降りて汝らに真理を述べん」のとおり、創造神・「ス」からメシアがいただかれた、「二」の世では明らかにされなかったご神示やおコトバに導かれて、前著『言霊《ことだま》で解くミロクの大原理』を書かせていただきました。

「八」は、食べたものが神の御光（ラ）によって腸や根の絨毛・根毛で赤血球がつくられ、「九」は、自然（土）・人一体のＥＭ（Effective Micro-organisms＝有用微生物群）技術とのドッキングでした。

アイウエオの真の意味

アイウエオの「アイ」は天（神）意のことです。

「ア」は、火・日・陽・霊・神・天・明・光・五（創造神「ス」）。タテの「ヒ」の火、陽、霊が「ア」に入っています。神霊（天）が「タテ・ヨコ」で創られたのですから、一体です。

神の仕組みと働きは「無」→「有」ですから、その仕組みが人間に見えると、人間を神の思うように動かし難いので、見ようと思っても無理です。しかし、神の方はスッキリ見透かしておられます。いかなる下々に対しても、分に応じて諸神や使者を通して見透かしておられます。しかも、永き世にわたってです。

ヒトは、初め神の産み給いしもので、人の生みたるものでありません。「真我の吾」は、まさに神の子なのです。神来体《カラダ》です。一歩一歩神に近づくよう努めなければならないようになっています。

「アイウエオ」の素晴らしさを見てください。

〝迷信〟が〝明信〟になる時です。彼岸ならぬ霊眼（岸）をヒラキましょう。

天（神）意・愛・合い

天

アイ＝ウエオ
カキクケコ
サシスセソ
タチツテト
ナニヌネノ
ハヒフヘホ
マミムメモ

面

天の法則に従って顕現しているのが面。天——神真——神は真。神は大愛であるとともに真ですから、万象・万生を創り、肉の目には見えませんが、弥栄の仕組みの置き手（掟）の法は、厳として保ち、かつ保たれようとなさいます。

三位一体の大原理

ミロク「火・水・土」（「五・六・七」）、「霊・心・体」など三位一体の大原理は、神のみ意と力が宿った神理・神乗で、これを犯すことは絶対に許されません。

神の至れり尽くせりの大愛に感謝するとともに、天意を智り、み意（神意）に乗り合わせる（合い）よう努めましょう。

神・人合一、自然・人一体です。

「タテ・ヨコ」の受精卵（「土」）の形づくりと赤血球産生は、カ行とタ行の「カタ――コト――モノ」。「火」（精子）と「水」（卵子）の産霊で出来たヒナガタ（霊成型）の設計図に従って、コト（神のみ力、み働き）でモノ（物質化・細胞化）となり、カタチも「カタ」に「チ」がつく血肉化となります。

神が大天地造り創《はじ》めた時の火魂・水魂・土魂の三魂、三十字に組みて綾なしています。

美しく、かつ、素晴らしい「水」の六角形の氷の結晶が、「アイウエオ」の言霊どおりに神・人合一、自然・人一体となっていることにびっくりされるでしょう。「六」は、「火・水・土」（「五・六・七」）の「水」の「六」です。

ＩＨＭ代表取締役の江本勝さんが、きれいで美しい氷の結晶の素晴らしさを人類史上初めて発見されました。

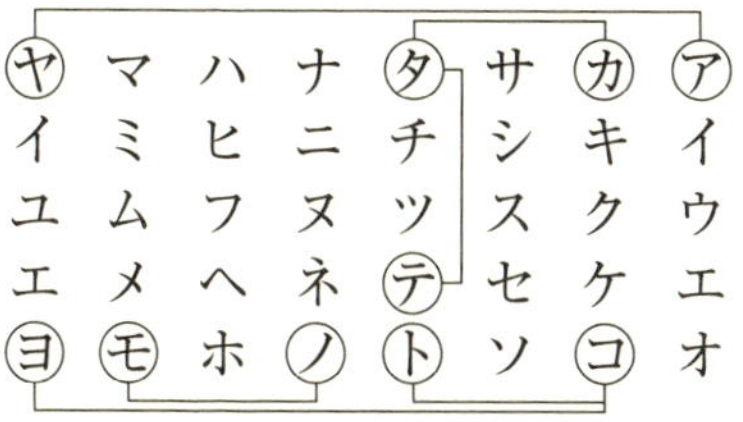

「アイウエオ」のアイ＝天（神）意・愛・合い――神の大愛である「愛・感謝」と神のみ意に乗り合わせる（合い）、「アイウエオ」の最後のワ行のワ（和）、結晶的に見ますと、「和」という字は、手のひらが二つ重なるような合掌の形をつくっています。

なぜ合掌の形をつくるかというと、一つの手では波動測定で共鳴しないからです。二つの手を重ね合わせて、初めて共振をするわけです。

これが「和」の基本です。

神のご経綸はア・カ・サ・タ・ナ・ハ・マ・ヤ・ラから、ワとなっています。すなわち、神のみ意と一体化（合いする「和」（ワ）、最後の「ン」も神・人合一、自然・人一体。

「幸せ」という文字も水に見せました。美しくカットされたダイヤモンドを思わせる結晶です。

「幸せ」という文字は、神と人「仕い合わす」こととなる――仕合わせとなる――です。

「上下《かみしも》幸せ」となっています。

十《かみ》（十字）は上《かみ》、一《いち》は天《あま》が下万生の意、下《しも》のこと、「上下《かみしも》幸せ」という文字です。

悪きこと偽のこと、ドンドン上も下もアバカレます。同時に、神と神の使いの兆しもアバカレる世となっていきます。

神・人、仕え合わす、神、仕え合わせさせる、故に神の子幸せとなる――のです。

江本さんの「ダイヤモンドを思わせる結晶」の言葉が納得できます。

水晶もダイヤモンドも、もと土です。何億万年を経て固まり、凝り成しては磨かれたものです。

「幸せ」の言霊は、創造神・「ス、」の「ス、イ合わせ」となっています。朝はアサ、（ＡＳＡ）、「シ、」はＳＩですからスイ合わせです。

水はもと水の精の集まりなのです。自由無碍で「万生万物」の産みの基力（奇力）、天地のどこへ流れいくとも、形がいかに変わるとも、永遠《とわ》にその本質は失わない重大な仕組みとなっています。

よって、水の精は神心のカナメ（要）です。

私は、「ヒフミ」の「三・四・五」のメシアが創造神・「ス」からいただいたご神示やおコトバに導かれました。

メシアはラ行の前の「ヨ」の時です。

私は、ご経綸「八」のときに赤血球の中にＤＮＡ（遺伝子）が生じる神の創造を書かせていただきました。

ご経綸の「九」・「十」の「ミロクの『ヨ』（世）になるヨ」と続き、「ミロクの『ヨ』ヒラク」の年を迎えました。

いよいよ神・人合一、自然・人一体のワ行の時を迎えようとしているのです。

人が欲心を抱く理由

主神様は、ご経綸を進展させるために決断をされました。人間に欲心を発揮させることを——。

そのためには、正で真《まこと》一筋の正神に一時、神霊界の統治の座からご引退していただき、代わって優しい月の系統の神（副神・水の系統の神）に直接担当させることを決意されました。

この出来事を、わが国の神道界では「天の岩戸隠れ」と呼んでいますが、詳しい経緯については一切明らかにされていません。では、ご神示『御聖言』をひもといてみましょう。

神《かみ》の方便《ほうべん》とてマコト止《や》むなく、人《ひと》に物《もの》と肉身《にくみ》の欲《よく》、ひいては、仕組《しく》みせし男《お》女《み》の愛欲《あいよく》すら与《あた》え申《もう》し、更《さら》には、大神《おほかむ》（大天津神々《おおあまつかみがみ》のこと）の陽《ひ》光《びかり》、真《ま》光《びかり》強《つよ》く照《て》り輝《かがや》きありては、マバユクコタエ神々《かみがみ》も神《かみ》の子《こ》もいやがり申《もう》し、欲《よく》出《だ》しにくきを慮《おもんばか》りて（察《さっ》して）、神々《かみがみ》も諸々《もろもろ》の真《ま》の光神《ひかりがみ》（火《ひ》・陽《ひ》・日《ひ》の神々《かみがみ》）は、一時《いちじ》舞台裏《ぶたいうら》へ廻《まわ》し、遠慮致《えんりょいた》させ、諸々《もろもろ》の光弱《ひかりよわ》き水《みず》・陰《かげ》・月神表《つきがみおもて》に躍《おど》り立《た》たせ、陰光《かげびかり》、寂光《わびしひかり》の世《よ》、即《すなわ》ち胎蔵《たいぞう》の世《よ》、明暗三世《めいあんさんぜ》、夜《よる》の世《よ》、いい換《か》うれば、照《て》り輝《かがや》く太陽《たいよう》の昼《ひる》の世《よ》を切《き》り換《か》え、光《ひか》り輝《かがや》くとも月《つき》、星《ほし》の光《ひかり》の世《よ》と変《へん》化《げ》せしめ、神《かみ》の理《り》（神《かみ》の法《のり》・大乗《おおのり》）、神仕組《かみしく》みの置《お》き手《て》（掟《おきて》）に雲《くも》かけさせ、ボーッと致《いた》させ、真《しん》の如《ごと》く芯《しん》と真《しん》をかくし、アイマイとなさせ、真如《しんにょ》の悟《さと》りの世《よ》を導《みちび》き、人間神《にんげんかみ》に甘《あま》えさせ、欲《よく》の方出《ほうだ》させし仕組《しく》み致《いた》せしはス神《がみ》なりしよ。

ピラミッド型の神霊界で政権をご担当になっていた大神様は、善一筋、真一筋の「正神・日の神（日神）」でありました。
日神は立て分けの非常に厳しい神。厳正な態度と炯眼《けいがん》なる智慧をもって教導されます。この燃えるような情熱を持つ日神に対して、他の神々もス直に従っておられました。なぜなら、正善にして清廉潔白《せいれんけっぱく》の神であれば、下々の神は意見も言えないからです。——天地の秩序は正しく守られ、長幼《ちょうよう》の序《じょ》も固く守られていました。

　このような善一筋の世界は、反面、欲心と競争心が起きたり停滞現象を引き起こします。それゆえ、長い時間が経過すると大変堅苦しい因習にとらわれるようなことも起こってきました。

　神霊界がそうでありますから、その投影の世界である現界も同様に正神の系統のみ魂が実権を握り、霊界と現界は「合わせ鏡の理」によって、善と真一筋でありました。

　しかし、これでは物質開発は一向に進展せず、主神様のご経綸の進展に支障をきたしてしまいます。第一、人間に物質を積極的に開発するという欲心すらわくことがありません。

最初の人類は、あふれる自然の恵みの中で暮らしていました。豊富な食物と無限に続く手つかずの自然。人口が少ないので見渡す限り自分の土地、というより、自己所有という概念すら持ち合わせていませんでした。天地のすべてのものが清らかで、正と善に輝いていたのです。

人々は開放的な空間の中で、身辺への視線を注ぎながら暮らしていました。正善一筋であれば、争いもなく静かな生活が続き、いわゆるエデンの園のごとき世界が現出されていたのです。

平和な世が続くことは良いことではありましたが、主神様の意図された物質開発をして、神界のような高度な「霊主立体文明」、つまり地上天国を築くことは遅々として進展しませんでした。これでは、神が人を創られた意味が半減してしまいます。

悪に見えるものも神のご経綸

水の系統の神は、物質を動かす力にたけておられましたから、人々は競って物質文明を発達させていきました。こうして、「生めよ、殖やせよ、地に満てよ」との御神勅《ごしんちょく》はいよいよ実現されることとなったのです。

人が増え、食べ物や住める土地が制限されればされるほど、争いも起きてきます。個人同士の争いばかりではなく、民族対民族の争いも起きてくるようになりました。なかには、甘言を弄《ろう》して豊かな国を搾取したり、肥沃な土地に進入し先住民族を大量虐殺したりする集団まで現れました。悪知恵をもって民衆を塗炭《とたん》の苦しみにあわせる権力者も出てきて、世の中は暗黒時代《ダークエイジ》、弱肉強食（ザ・ロー・オブ・ザ・ジャングル）の時代に突入していったのです。

この「陰の文明」の時代には、恋愛欲、権勢欲、物欲を大いに発揮し、物質を開発するという目的を達成した民族、国家が栄えました。すなわち、神のご経綸に合っていれば、たとえ悪に見えることでも一時的には許されたのです。神が物質開発を進めようとされる時は、人間の世界からは悪魔《サタン》に見えるような権力者でも神は使われることがあるのです。一見、悪に見えるものも、実は神のご経綸の中の一つの方便に他ならなかったのです。

さらに、人が欲心を十分発揮できるようにとの願いから、人に対しても手を打たれました。神代の人の霊力は、神霊よりは弱かったのですが、それでも現在の人間と比べると比較にならないくらい強いものでした。そのため、神々とも簡単に交流ができ、なかなか物質欲が出にくかったため、方便として人の霊力を弱める策が取られたのです。

なにしろ、神代時代の人は超人であって霊力も体力も非常に強かったのです。これでは科学文明は起きてこないので、人を一時無性者にする必要があったのです。

そこで、一時の方便として草木の毒を使うことを学ばせたりして、無性を楽しむことを許されました。人間は、便利な道具をつくり、便利に生きることを知るようになりました。

こうして、主神様は方便として神霊界の政権交代と人間の無性化によって、物質の開発を進展させたのです。

人間に支配欲、権勢欲、物欲、愛欲といった欲心が与えられ、人々は自由競争に走るようになりました。しかし、同時に正神と直接対話《ダイアローグ》のできない人間が急速に増えていきました。

あまつさえ所有欲を強めていった人間は、話し合いで物事を解決せず、争いまで起こすようになりました。個人対個人の争いはやがて集団の争いになり、徒党を組み戦闘集団と化していきました。集団と集団の争いには武器が必需品ですが、より有効な武器を作るために、物質開発にも拍車がかかっていきました。

新しい土地への橋頭堡《きょうとうほ》を築きたいと願う民族は、戦闘集団となって他民族を襲うようになりました。繰り返される戦闘によって多くの民族が殲滅《せんめつ》させられましたが、その怨念は尋常ではありません。

その結果、物質開発は人類的規模の怨念――「人類霊障《じんるいれいしょう》」という、厄介な、予期せざる事態を派生させることとなってしまったのです。

欲心は、諸刃《もろは》の剣《つるぎ》であります。欲心を正しい方向へ使えば文明の進歩につながりますが、これを悪に使えば人を傷つけてしまいます。それゆえ、人間は、欲心を与えられた神様の大いなるご苦心に気づくべきであります。

他人のことは二の次、三の次、自分さえよければよいという「我よし」の世となり、「正法の世」とはまったく逆の「逆法の世」の全盛時代となりました。

長い長い「陰光の時代」が続く――陰光は寂しい月光のごときものであり、明暗三世相の不安が広がる世界――清貧に生きる正直者には、辛く厳しい暗がりの世でありました。

行き過ぎにブレーキをかける聖雄聖者の出現

物質文明の行き過ぎが起こると、支配欲にかられた少数の権力者と貧しい民衆との乖離《かいり》は広がる一方となり、次第に民衆の不満は拡大していきました。強い者

聖雄聖者の出現期

500年

400　マホメッド（後570年〜632年頃）

300

200

100

AD

BC　イエス（前4年頃〜後30年頃）

100

200

300

400　釈尊（前463年〜383年頃）

500　孔子（前551年〜479年）

600

700年

紀元前7世紀から紀元後5世紀の間にかけて、宗教的聖雄聖者が多く出現しています。これらの諸聖者は、神性時代、つまり正法の世が来る前に「ラルロの嵐期、火の洗礼、火宅の世、人類の大峠、神裁きの世、仏滅」等々、その到来を、異口同音のことばで人類に警告を発しました。

（「神の大経綸　二十一聖紀霊文明のヴィジョン」（岡田晃弥・著　L・H陽光出版）より）

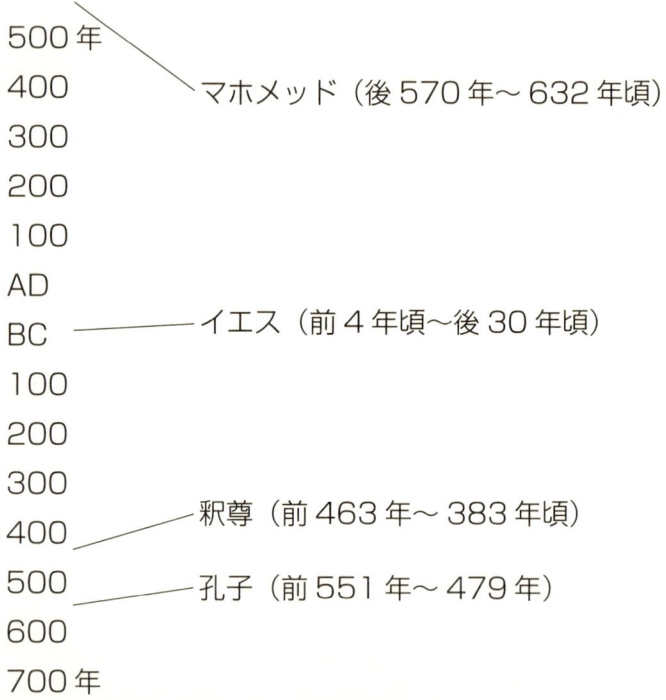

勝ちの世となり、人々は「これでは世の中真っ暗闇ではないか」と慨嘆《がいたん》するものの、悪魔主義《サタニズム》は猖獗《しょうけつ》を極めるばかりでした。

陰の時代では、人間は自由を獲得すると、その集団である国家が侵略の意図を持つことが必然となります。しかし、支配欲、物欲が優先される長い逆法の時代が続くと、神をないがしろにしてきた人間の心にも、次第に救世主の出現を待望する気運が高まってきました。

かくして、ここに主神様は、物質文明の行き過ぎにブレーキをかけるため、地上へ聖雄聖者を送り込まれたのです。

創造神・「ス」と一体だったミロク

メシアは、昭和三十四年二月二十七日の誕生日に、ス神さまから神の光「真光の業」と言霊をいただきました。お生まれになった誕生日は明治三十四年二月二十七日ですが、奇しくも明治と昭和が違うだけで、ともに「三十四年」となっています。
神のおコトバを聞きましょう。

汝《なれ》、じつは、生まれながらのヨなり。名付けられし名を想え。汝《なんじ》のみ魂疑うもの、神主仲間にも出づべきも、その時はその時にて神のみ使い明かなに告げん。憂うること勿れ。

ヨ、すなわち与うることにより世（ヨ）の魂鎮め（シ）致し、数霊のいの一番、すなわち魁致す魂として世に生まれなしたる謎秘めし名なり。名の如く育つや否は待つ外なかりしなり。

何を与うるを使命となすや。真茲に汝に告げおかん。

ヨとは、天・空・地、神・幽・現、日・月・地、火・水・土の三位ミクロの三千《ミチ》（千はチにして霊也）世界《のよ》を、左側（向かっては右側）、すなわち霊主にて貫く法を現界のものに与うる象型《カタ》ヨなり。与もほぼ同義としおかん。

すなわち大千《おおち》（神界）と三千世界《みちのよ》を貫き動かす、肉や物に非ざる霊界を主体となす法、すなわちその交流交感致す動き具合の理を世人に知らしめ、その法を与え行く時、此の世（代）は善き魂鎮めとなり、神の国造りの為、神「善し」と見給わん為の役をヨと神は申すなり。

おコトバどおり、ヨシに魁の数字の一を加えて「良一《ヨシカズ》」となっています。「三」のご経綸が始まりました。

ご経綸の「九」（崇教真光四十二周年）を通って崇教真光四十七周年の「ミロクの世（ヨ）になるよ」を迎えましたので、隠れていたミロクは創造神・「ス」と一体だったのです。

ミロク（筆者・福島）も、創造神から両親を通じて名前に「ノリヨシ」（教義）をいただいていました。ヨシはメシアと同じヨシ。ヨ、すなわち与えることにより、世（ヨ）の魂鎮め（シ）。ノリのノは、ス神の神意の天下る型が垂れ下がる形。リは締めくくりをする働きで、神意のノと現界の意が合体して乗り合わせることを意味するのです。また、あらゆる法の大元のス神の置きし手、真科学のネ力でもあるのです。

「左と右」。左はヒタリで陽・霊《ひ》より垂れ下がる、右はミキ。水気《みき》・身気《みき》。霊《ひ》に対して体《み》の面、物《み》の面の「タテ・ヨコ」に分けられます。万象ことごとく霊《ひ》と体《み》の面、本末は一体ですが、「無」→「有」の神の創造の｜（タテ）に気づいて分析したものと、一切総合帰一させる心を示しています。

魂霊と心と肉、間釣り合わせに出来ていて、順序もあります。霊が主《ぬし》で、心は次（従）、体は占め（属）。三位のマツリ合わせは相即相入です。順序ありて、ボケて入り組み合い、三つとも分け離し得ぬ大事の秘め事です。宇宙の大仕組みの元の一つです。

宇宙一切は波です。波動です。神と人間も、間釣り合わすこと大事中の大事。波動共鳴する和（「アイウエオ」のワ行の「ワ」）のもとです。

すべてのものを蘇生的な方向に誘導するＥＭ技術

ＥＭ（Effective Micro-organisms＝有用微生物群）を活用した技術を開発した琉球大学名誉教授の比嘉照夫教授は、次のように言われます。

ＥＭ、すなわち有用微生物群の本質的な力は、ＥＭが直接・間接につくり出している抗酸化物質による抗酸化作用と、それに連動する非イオン化作用（マイナスイオン効果）と、超高周波で超低エネルギーという、物質科学ではあり得ない特異な磁気共鳴的な超科学的波動によるものです。

汚染の本質は、活性酸素・フリーラジカル（酸化を促進させる物質）による強烈な酸化作用であり、破壊は物質が酸化によってエネルギーを失ってイオン化し、有害な波動を出す現象です。人間の病気も根はまったく同じもので、活性酸素・フリーラジカルによるＤＮＡや組織の酸化があらゆる病気の原因であることは改めて述べるまでもありません。この地球上で起こるあらゆる有害な現象は、すべて過剰な酸化によって引き起こされており、環境の悪化や生産機能の低下、および自然界に存在する病気の大半のものは、すべて酸化劣壊の結果です。

ＥＭが万能的といわれるのは、このような酸化劣壊を防ぐだけでなく、すでに酸化したものを正常に戻し、機能性を高める性質があるからです。重金属を不活性化し、無害にするばかりではありません。チェルノブイリの原発事故被災地であるベラルーシやウクライナの国立放射線生物学研究所の実験では、放射能汚染地帯でＥＭを十分に使用すると、作物は放射性のセシウムやストロンチウムを吸収しないため、安全な作物が栽培できることが明らかになったのです。そのうえ、驚くべきことに、放射能が一年間に一五～三〇％も減少したことが確認されているのです。

当然のことながら、ＥＭは石油を分解する能力があるばかりでなく、ダイオキシンはもとより、ほとんどの有害化学物質を無毒化する機能を持っています。このような結果を考えると、ＥＭで解決できない環境問題はないといえます。

ＥＭの中心的役割を担っている光合成細菌は、条件次第では粘土に混和し、一二〇〇℃でセラミックス化しても、数週間もかけると、そのセラミックスから光合成細菌を再現することが可能です。すなわち、光合成細菌は一二〇〇℃でも生命情報を保持しているということです。乳酸菌や酵母も、一般的にはＰＨ三・〇以下または九・〇以上で長期的に生存することは困難であり、温度が六〇℃以上になると、ほとんど死滅するというのが常識です。しかしながら、乳酸菌や酵母を光合成細菌にうまく伴随させると、八〇～一〇〇℃で三十分以上過熱しても死滅することなく、時間の経過とともに復活してくるのです。

最終的にいきついた結論は、ＥＭはすべてのものを蘇生的な方向に誘導する力があり、エントロピーの増大を防ぐばかりでなく、再利用できなくなった汚染をエネルギー化し、そのエネルギーが物質化に作用し、その結果として蘇生的現象が起こり、環境が浄化されるという、シントロピー現象を引き起こすということです。シントロピーとは、エントロピーの対極を説明する言葉であり、新しい概念です。

このように、ＥＭ技術の活用によって、神・人合一、自然・人一体の超循環型社会へ向かうことになります。

化学物質や機械的方法での環境クリーンがエントロピーを増大

人類は、神の産霊の力で出来た石油、石炭や各種の鉱物資源を使い始め、大量生産、大量消費はもとより、いたるところで多量のエネルギーや化学物質の使用を増やし、エントロピーを増大させた結果、地球温暖化など環境を破壊し、危機的状況を迎えています。

物質を基礎にとらえる物主（「水」主）の現代科学技術および生活スタイルが、すべてエントロピー増大の汚染放出型となっているからです。

物理学によるエントロピーの法則では、エネルギーや物質が使用されると、最終的には回収・再利用不可能な汚染が残るということになります。

このため、地球温暖化、オゾン層破壊、水質および土壌汚染などの環境破壊は、すべてエントロピー増大によって引き起こされたもので、すでに許容の限界に達しているにもかかわらず、化学物質や機械的方法の物質科学に基づく策だけでは、いかなる努力をしても人類の破滅は先送りされるだけということになります。

フリーラジカル誘発作用の強い化学肥料や農薬を多用して作物を栽培すると、結果的に健康を損ねる食物をつくることになります。

畜産や水産養殖に使われる抗生物質や防腐剤、成長ホルモン剤、栄養強化剤なども、農薬や化学肥料とまったく同じなのです。

フリーラジカル誘発物は、排気ガス、排煙や食品・医療の現場で使われる各種の殺菌消毒剤などで、家庭、職場でのチリ、生ゴミなど廃棄物を処理していかにきれいに見えても、また消毒剤を使ったり焼却したり埋め立てた場合でも、さまざまな形で発生します。

ですから、現代文明は、日常の生活様式や経済活動を活発にすればするほど過剰なフリーラジカルを多量に放出し、崩壊の方向を加速度的に拡大するという、解決困難な構造的な自己矛盾を抱え込んでいることになります。

さらに、化学物質や機械的方法で環境をいかにクリーンにしても、現在の手法では結果的に常にエントロピーを増大させ、フリーラジカルを多発させる構造になっていることを認識すべきです。

そのうえ、これら各種の汚染の増大は、酸化環境を好む悪い微生物を極端に増やす構造的な仕組みをつくり上げてしまいました。悪い微生物、すなわち有害な微生物は、活性酸素・フリーラジカルを誘発する強い酸化酵素を持っています。したがって、悪い微生物が増えると、環境中の活性酸素やフリーラジカルも増大して、あらゆるものを有毒化する性質が強くなります。

そのため、土壌中でおとなしくしていた化学物質や重金属も有害化し、その他の化学物質や酸性雨の害も著しく増幅され、病害虫も多発します。そこで、物質的なヨコの酸化・劣化に働く腐敗菌による無機化でなく、植物の根を活性化し清浄な〝血〟をつくるために、ＥＭのような善玉菌によってアミノ酸や糖類など、有機物として可溶化・再利用することこそが、エントロピー発生防止の最も重要なことです。すなわち、「環境浄化の原点は生ゴミ処理（比嘉教授）」となります。

また、有機物の有機的可溶化のためには、ＥＭのように、発酵によるエントロピーが発生しない方式と、無機化の過程で発生する炭酸ガス、硫化水素、アンモニアなどのエントロピーを合成的に回収する方式とを組み合わせることが必要となってきます。

現今の地球の微生物生態系は、日和見菌や悪玉菌を中心に各種の耐性菌が増大する仕組みになっています。日和見菌は、環境中のフリーラジカルが多くなると、ただの微生物から病原性の微生物に変身します。しかし、ＥＭを使い続けると病原菌は病原性を失い、日和見菌は限りなく善玉菌に近づき、増殖速度がはやくなるため、それらの変異菌は有害な病原菌や腐敗菌よりも先に増殖し、多勢となって有害菌はその力を発揮できない状況となります。このような仕組みが環境や人体で働くと、微生物汚染の弊害をかなり抑制することが可能になるでしょう。

自然の生態系の原則に従えば「有害な嫌気性菌の抑制には有用な嫌気性菌、有害な好気性菌に対しては有用な好気性菌で制御する」ことが鉄則だそうですが、ＥＭは蘇生型の有用な嫌気性と好気性の微生物を共存させた有用微生物群です。

あらゆる力の源——霊力

「カ」の言霊は、力の「カ」であり、火であり、陽霊の力を表しております。「カ」は神の力が本質で、力の本体である神の精霊の「カ」と力の「カ」であります。すなわち、神の光の「カ」と、力の「カ」の二つを重ね合わせたものが、ヨスカの「カ」になるのです。

ヨスカとは、主（ス）のみ力を分け与えるみ役、与主カ（ヨスカ）なのであります。

カという言霊の中には、力そのものが内在しています。

カ十《ミ(ム)》の火、陽の精霊は「ラ」。力の本体です。故に、十字に結んで
左回転◎致す、チカラ、神の「カ」が本質です。
霊は殻即体、容器即肉体と化けるのでチカラです。
カラダも陽の霊の有と生り成り鳴るには赤血が必要です。赤血がな

ラ	ヒカリ チ	ヨスカ

ければ生きておれぬ道理。火で日で陽ですからアカ。赤き陽の血霊、物、殻、体となると、アカ血で血玉、血球です。

モは、モクモク生えるのモです。モヤモヤしてたまりかね、止むに止まれずなれば、盛り上がり、燃え出し、芽も萌え出します。

霊力は、カム霊働きかければ、ムウムウ、モヤモヤ、モクモクし始めます。この止むに止まれず、萌え出でる力がモで、神の０力です。あらゆるチカラの源となる力動そのものなのです。

ヒトの生命の力もこれです。神霊、命与えずば、地殻の地空、土空、空土となって力空っぽとなれば、地玉も生き得ずバラバラになってしまいます。万物、枯れはてて万生育ちません。霊の力クッと詰まらせて霊力凝り凝り固まらせて生かす力があるので地殻というのです。

神がつくられた文字「道」の意味

神がつくられた文字「道」を見てください。

道とは本来、「首をのせて走る」と書かれています。脳なくして首以下胴、手足だけによって歩いていくことが、「道」となっているではありませんか。

脳即魂霊（実在する霊界仕組みの源）は切り取って、タテ無しの唯物万能知時代の物主知とならないよう戒めて書かせていただいているのです。

ミチにかかわる「智」と「知」があります。タテの日（「ヒ」）を土台とする、日を知る智と、片や「ヒ」なしの知。

この在ることを智っての霊智を行く道は、マコトの径・経・路で、智を基となしてミチとなす時、初めて神の子霊徒《ヒト》の歩むべきミチとなります。

◎神のおコトバ――

汝はヨよ。ヨスカとも申させしなり。汝《な》が天命よ。ヨの力与うるはカム（カミ）よ。ヨロコビウミ出す役よ。汝が組み手又与力与えらるるよ。かかる世へ換わり行く天の時よ。汝等幸いなる哉。ヨキ哉。大事な四二《よに》（世）なるよ。マコト文明への唯一の術よ。

ご経綸の「九」・赤血球とＥＭのドッキングで、主座《ス》建立から十七年の神成る（十七）年に、崇教真光四十二周年にはミロクの世《ヨ》に＝四二＝なる（成）よ――と啓示されていました。

四二（ヨニ）に成るの「二」は、「タテ・ヨコ」十字に結ぶを「二」、一体化する、つなぐみ働きが「二」なのです。

引き続き四十七周年を迎え、ミロクの世（ヨ・与もほぼ同義）になる（四七）よ――となっています。

メシアの誕生日の二月二十七日は、昭和三十七年の「天意の転換」からス座建立（同五十九年）までと、ス座建立から平成十八年の四十七周年までも、二月二十七日の二十二（年）の七（ナル）となっています。

崇教真光の皆さんたちは、誕生日どおり、ス神さまと「タテ・ヨコ」十字に結び、一体化していたことを示しています。

与力与えらるるよ――のおコトバどおりでした。

想念が形をつくり、そして現実化

三四五《メシア》が御使いの神を通して天地創造の主神《ス》から賜った、啓示集の「御聖言」の最後のページのおコトバを見てください。

一《ヒイ》が二《フウ》となり三《ミ》となる型なり。

三四五《メシア》、五六七《ミロク》の世へ進めて、初めて神の世の岩戸開きの八《はち》の世で開き、九《ここの》たり、新しき十《かみ》の国の写し絵、天国地の上《へ》に現す種人《たねびと》（ご経綸に役立つヒト）造らせ始めたるなり。

このおコトバどおり、三四五《メシア》がいただいたおコトバに導かれて、三四五《メシア》（12）・

五六七《ミロク》（18）の三十字で平成四年に赤血球がつくられる、主座《ス》建立（岩戸開き）から八年の「八」の世の「ラ」が開き、「九」、「十」となっています。

智主にあらざる逆知を生むの基の知主、すなわち物主知にのみ倚りしため、神法により脱線致し、遂には、神善悪立てわけのため置きし手、掟にて仕組みの大事見失いて、邪悪にさえ操られっ放しと相成り、神や人の前にては、顕に出し申せぬ隠し事（悪言・悪事）、神の使いの守護霊も神も見ておらぬと思い込み、神の仕組みの置き手（掟）すら、平気にて犯しっ放しせしキタナキ想いと行いの波や神の子（隣人）を苦しませ悩ませしために起こる怨み、恨み、憎しみ、そねみの念波は、汚濁の霊波と化し濁微粒子となって霊の界では、神のいやがる曇りけむたきもののモクモク煙立たせ、己が肉身の内なる実身・霊身に詰め込みて積み参りたるを申すものにて、神より見れば「膿だらけ」と申さん相成れば鼻つまみものよ。

以上のようになっています。
包み積みたる罪と言います。

人間だけの心にて考えて放つ言の葉を玉の緒といたすは信よ。万象創りの神霊の霊力や仕組みの法より離れし人間が、勝手な屁理屈造りて申す言の葉信じてアオグが仰ぎ、人間に地の宝ほり出す力まずつけるため、一時マコト神が神降ろし致せし方便の仕組みが信仰なるなり。その時代は終わったり。それを判らすため行き詰まらせ仕組みが「終末」と申させしものなり。終末は同時に種人造りについて出来る選び子によるマコト神統一の文明への曙なるなり。

恐ろしくて楽しき世への大建て換えなるを以て今までの考え方にては、いかにしても通らぬより相成り、従いて「わけわからなくなる世」へ進ましむるなり。故に神向きの信心ならでは、いかんともし難くならん。

霊界のゲヘナ（下へ成る）の火はいよよ盛り燃えて、焦熱地獄の蓋吹き飛ばし、大口あきたる中に陥り行かん。魂、心キタナキための頑迷の魂ウヨウヨ何千年とニエクリ返る苦しみにもだえ死に得ずして、幽界地獄にて生かされ行く哀れなる魂もウヨウヨ。

以上のようになっているのです。

いよいよ「アガナヒ」（贖い・償ひ）なすことなくして、「アカナヒ」（明らかな霊）とはなれません。

病や貧しき乏しさの苦しみ、争い事、災い事の苦しみより、贖うか、自ら進みて、神仕組み、真光受け授け施しミチ（実智・霊智）広めんことによって、アガナヒの法となすか、二つに一つ選ぶ外、来たる日の救われはありません。

肉体から魂霊が離脱すると、その瞬間に死が訪れます。肉体は死体となり亡骸と化して土に還ることになりますが、肉体を離れた魂霊は半永久的に消滅しないのです。

魂霊は肉体の死後も目に見えざる幽界、霊界と言われる世界でピチピチと活動しています。

これが、人の再生転生の実相にほかなりません。

霊界、幽界と肉体を持つ現界とは常に密接な関係性を有しています。現界での行為と修業の程度が次の再生に影響を与えます。

人は長い生と死を繰り返しながら、現界におけるさまざまな体験を通して霊的成長を遂げることができるのです。

それ故に、私たちは本来的に死を恐れることはないのです。

むしろ「恐れが恐れを生む」ことに注意を喚起しなくてはなりません。そして、人間の心のさらに奥の波動を喚起しなくてはなりません。なぜなら、人間の心のさらに奥の波動、すなわち想念というものの働きが肉体に大きな影響を与えるからです。この想念は、魂霊と密接な関係を持っています。

想念は思いとなって心に投影し、肉体を動かす法則性があります。よって、想念が形をつくるということでもあります。

不必要な「恐れ」を抱くと、無意識のうちにそれはいつしか自分の心を動かし、肉体に悪影響を与えていくことになります。恐れが恐れを生み、その波動によって自分の肉体が傷つく現象が起きてしまいます。

それ故に、私たちは善なる想念を持たねばなりません。善成る想念を持って生きれば、従容として死の床につくことができるでしょう。

死ねば体を土に還して「往生」すればよい。

往生という言霊は、まさしく「あの世を生きる」ことを示しています。

空海の「吾閉眼の後は必ず都卒天（四次元界の上層部）に往生し、弥勒慈尊と共に下生せむ」の預言、そして実行はまさに大往生だったといえます。

また、モウシェや釈迦やイエスと同じ神性、仏性をととのえて、同格の霊位の層に昇華するように努めましょう。

自殺という行為によってこの世の人生は終わるものの、苦しみから解放されることはありません。確実な睡眠薬を飲めば楽に死ねるではないかと言う人もいますが、問題は肉体よりも想念なのです。想念界の苦しみは、肉体を失ったあとも決して消えないという厳粛な「実相」を識ることが重要です。

死後の世界を認識する方法は、「真光の業」によって浮霊した霊と対話することによって十分に理解できます。

メシアが主神からの啓示により与えられた「真光の業」を施すことが、万霊を救う最後の決め手です。その気になれば誰でも手をかざすことができます。

「真光の業」と「手かざし」「気功」の違い

手かざしや気功などが静かなブームになっていますが、これらの手かざしと「真光の業」との第一の違いは、次元の高さです。

「真光の業」は、超高次元から降りそそぐ神の光（◎・左回転）です。気功は◎・右回転。

神の光が私たちの「霊・心・体」の三位を貫いて流れる、この神の光を放射して万霊万物を浄化することができるのです。

「真光の業」による手かざしは、実践すればするほど、施光者も受光者も浄まることができてしまいます。

しょせん、自力による手かざしは体力を消耗させてしまいます。おのずから霊媒信仰につながっていく可能性があります。

自分のエネルギーを消費して相手に生体エネルギーを送るのが、いわゆる一般の手かざしや気功というものの本質です。

一方、「真光の業」はまったく異なります。自力で己のエネルギーを送り出すものではないからです。

私たちは体を提供するだけなのです。絶対他力による神の光をキャッチし、それを放射しているだけなのです。それ故に、手をかざすたびに自分も他人も浄まってしまいます。

主のみ力を分け与えるみ役（与主カ）の「カラマラ」とは、カラは空・殻、マラは陽・霊のみ働きで、空の容器に内容を満たすのが本義。体主物主の時代から「神主霊主の世への切り替え」をなすべき、み働きがあります。

胸に〝御み霊〟という、空の容器に神の光の込められた神の種を賜わっているのが、陽光子神組み手に他なりません。

この唯物主におおわれた空虚なる魂霊に対して、〝神の光と言霊〟を注入していかねばなりません。これこそが「カラマラのみ働き」であります。

第二章　千島理論とミロクの世の到来

千島学説が日の目を見る時代が到来

物質万能の「三二」の世では埋もれていた千島喜久男先生の革命的な生命（赤血球）理論、すなわち吸収された（食べた）ものが〝血となり肉となる、生殖細胞にもなる〟（「火・水・土」）が、いよいよ日の目を見て脚光を浴びる時代がやって来ました！

「千島学説」は、左の表のように第1原理から第8原理まであり、現代医学の「定説」を根本から覆す超革新的理論です。

では、千島理論で〝事実〟をつくってみましょう。

「ガンやエイズのウイルス、レトロウイルス（RNAウイルス）だけが、なぜ逆転写酵素を持っているのだろうか？　ほかのDNA、RNAウイルスはみな遺

第1原理	赤血球分化説　　1932年発表　…畜産学粋…明文堂 （赤血球はすべての体細胞の母体である）
第2原理	組織の可逆的分化説　　1954年発表　…総合医学新書…医学書院 （飢餓・断食時には体細胞から赤血球へ逆戻りする）
第3原理	バクテリア・ウイルスの自然発生説　　1954年発表…岐阜大学新聞 （バクテリア・ウイルスは一定条件下で自然発生する）
第4原理	細胞新生説　1950年発表　…科学…20巻10号 （細胞は分裂増殖しない。六つの形態で新生する）
第5原理	腸造血説　　1954年発表　…骨髄造血学説の再検討…医学書院 （骨髄造血説は誤り。造血器官は小腸の絨毛である）
第6原理	遺伝学の盲点　　1932年発表　…畜産学粋…明文堂 （生殖細胞は赤血球から。遺伝は環境を重視）
第7原理	進化論の盲点　　1956年発表　…アカデミア…NO.32－34 （弱肉強食思想は行き過ぎ。進化の基盤は共存共栄である）
第8原理	生命弁証法　　1959年発表　…アカデミア…NO.40 （生命現象を正しく観察するための科学方法論）

（出典：インターネット「現代に甦る千島学説」より）

伝情報のセントラルドグマ〈中心命題＝ＤＮＡ→（転写）ＲＮＡ→（翻訳）タンパク質〉に従っている。それに、レトロウイルスは遺伝子のどこにでも入り込めるマスターキーまで持っているのはなぜか？」

この疑問には、千島理論の赤血球分化説（赤血球からすべての細胞へ）を使います。

「ガンウイルスの遺伝子はウイルス自身が持っていたのではなく、正常細胞の中にあった原形遺伝子を、ある感染を契機にウイルスが取り込んだもの」（『生命科学の新しい流れ』渡辺格・監修、山口雅弘・著、同文書院）。

そうであるなら、逆転写ではなく、順転写ではないのか⁉　赤血球には核（DNA）がないが、各細胞へ移行するとき、途中でRNAが生じるのでは？　そのあと細胞化（DNA化）するので、マスターキーを持つのでは？　――

このような考えを抱いた私は、医学書専門店にとび込んで血液書を開いてみて、小躍りしました。あったのです。

左頁の図をご覧ください。成熟赤血球→網赤血球で細胞質に「RNA」が出来ています（この本では既成理論ですから逆）。赤血球の見方が、千島理論と既成理論が〝反対〟になっているところがポイントです。千島赤血球は生まれたばかりの血球で、老熟（成熟）した赤血球ではありません。

網赤血球（RNA）から赤芽球（DNA・RNA）――白血球（同）――細胞化（同）。

逆転写酵素を持つレトロウイルス（RNA遺伝子を持つウイルス）は、核DNAを持つ細胞に入り込むとすぐ逆転写酵素（RNAからDNAをつくる酵素）が作業を開始して、自己のRNA遺伝子をDNA遺伝子に転写します。宿主（ホスト）細胞の遺伝子DNAのどこにでも自由に入れるマスターキーを持っていますから、DNA鎖のどこでもほどいて入りこみ、つなぎ合ってしまいます。

レトロウイルスは、宿主となった細胞のDNA遺伝子の中に完全に組み込まれて細胞の遺伝子の一部になりすましたウイルスとして生きることになります。

千島理論からみれば、千島赤血球―RNA―DNA・細胞化のコースの中に入っていますから、〝逆転写〟でなく〝転写〟です。

既成理論は、受精卵からの細胞分裂一辺倒で、遺

赤血球のDNA、RNA含量の比較

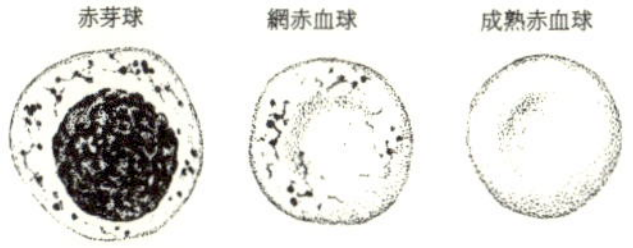

	赤芽球	網赤血球	成熟赤血球
核DNA	あり	なし	なし
細胞質RNA	あり	あり	なし

（「簡要血液学」（三浦恭定・監訳 メディカル・サイエンス・インターナショナル）より）

伝情報はすでに出来上がっていますから「細胞・DNAから」となります。

既成理論は、腸造血でなく、骨髄造血です。骨髄幹細胞（血液をつくるモトになる細胞）から赤芽球→網赤血球→赤血球となっており、これは千島理論の逆分化と同じコースです。

ガンやエイズのウイルス、レトロウイルス（RNAウイルス）に赤芽球症ウイルスがあります。これは逆転写酵素を持っています。

千島理論からいえば、千島赤血球→網赤血球（RNAが生じます）から赤芽球（RNA・DNA）——細胞化ですから、逆転写でなく（順）転写酵素というべきでしょう。

「なぜ、全生物の守っている転写の方向に従わないのか、ここにレトロウイルスのガンをつくる仕組みの謎が潜んでいるようである」

と畑中正一先生は述べておられます（『ウイルスとガン』岩波新書）。

遺伝情報のセントラルドグマに逆らうガンやエイズのウイルス、レトロウイルス（逆転写酵素・マスターキー）こそ、千島理論の〝証人〟です。

逆転写酵素とマスターキーを持っているレトロウイルスの立ち居振る舞いは、既成理論のワク組み、遺伝情報の流れのセントラルドグマを越え、千島理論のコースに準じています。

レトロウイルスは核（DNA）のある細胞に入り込むと、逆転写ならぬ転写酵素で自己のRNA遺伝子をDNA遺伝子に転写したあと、マスターキーを使って細胞のDNA鎖をほどいて入り、細胞のDNA遺伝子の一部になりきってしまいます（細胞の遺伝子はキズがついて突然変異となる）。これは、千島赤血球のRNA・DNA・細胞化（〝血が肉となる〟）のコースとなります。

ついで、レトロウイルスとして細胞をとび出すときは、細胞内のセントラルドグマ（DNA――（転写）RNA――（翻訳）タンパク質）に従ってタンパク質をつくり、ウイルスとしての姿・形を整えています。千島理論の逆分化のコース（〝肉が血となる〟の負の造血）では、赤芽球、網赤血球で酵素を運ぶヘモグロビン（タンパク質）がセントラルドグマに従ってつくられたあと、赤血球化します。

このように、レトロウイルスの立ち居振る舞いは千島理論のコースと呼応しています。レトロウイルスは、逆転写酵素→マスターキー→セントラルドグマを使っているわけです。

また、レトロウイルスのみ生殖細胞（精子・卵子）に入り込み、遺伝子に組み入れられて垂直感染するということですから、これまた千島理論どおりです。

千島赤血球は遺伝情報がインプットされた血球

千島理論は、千島先生が赤血球から生殖細胞への移行像を発見したことから生まれました。

遺伝情報は暗号です。しかも、遺伝情報と易の基本構造がピッタリ符合、整然とした〝暗号表〟となっています。

暗号は約束事です。生化学的概念を超えています。

物主の生命観・進化論に立つ限り、分子生物学者のモノーが言ったように「偶然が必然になったとしか思えない」の言葉を使わなければならないわけです。

また、アミノ酸・タンパク質にしても、生命科学最大の謎（左型アミノ酸・タンパク質の生命しかいないこと）が解けないままですから、「無生物的につくられた」としか言えないでしょう。

千島赤血球は、遺伝情報（コト）がインプットされた血球（コト・モノ）です。

逆転写酵素は遺伝子操作の花形です。インシュリンやインターフェロンを遺伝子工学的に合成するときは、まずレトロウイルスが持っている逆転写酵素の世話にならねばなりません。ガンやエイズでは「転写」ですが、遺伝子操作では「逆転写」として働かせ、利用しているわけです。

逆転写酵素は、物主文明から神（霊）主文明へ百八十度大転換の「逆転酵素」となるでしょう。

千島理論の逆分化説

千島理論の逆分化説は負の造血ですから、やせて血をつくるということです。

絶食させたカエルや鶏のひなの脊髄、骨組織の写真（『血液と健康の知恵』千島喜久男・著、地湧社）を見ると、赤色の毛細血管が現れたり、骨は多孔性となり、もろくなっています。

千島理論は、これと同様な方法で実験を行って提唱された骨髄造血説であることを知るべきでしょう。〝血となり肉となる〟の逆で、〝肉が血となる〟です。

既成理論の骨髄造血説は、一八六八年にノイマンとビッズオセロという二人の学者によって別々の研究で提唱され、一九二五年にダン、セーヴィン、キャニンガムの三人の血液学者らが、鶏やハトを九日から十一日間絶食させたあとの観察結果から確認されたものです。

千島理論の逆分化説のかたちをとっているのは当然でしょう。

千島先生の撮った、断食させた腸と栄養のよい時の腸の写真を比較すると一目瞭然です。断食の腸も食事を与えれば正の造血で肉がついてくるでしょう。栄養を摂るのは血をつくることなのです。既成理論では、腸は栄養（食）の消化・吸収で、造血は別となっています。

千島先生は「骨髄は、健康で栄養がよい時は、脂肪（黄色骨髄）で充満している。皮下や筋肉の間や胃腸の周囲、その他の内臓の周囲などに脂肪が多い。栄養を十分にとっているものは、赤血球が腸でたくさんつくられ、その余分な赤血球が胃腸のまわりなどに停滞し、脂肪に変化したもの」と述べています。

血球から脂肪です。脂肪太りに注意しましょう。

「骨髄脂肪（黄色骨髄）が断食によって血球へ逆分化」の写真（既成理論の造血）では、猫の股骨骨髄の大きな脂肪球の中に赤血球が現れ、多数の無核の赤血球となっている、と説明されています。

貧血とは、ヘモグロビンの濃度が正常値より少ない状態をいいますが、貧血が起こると、骨髄中の赤芽球細胞の割合が増加し、赤芽球でヘモグロビンの合成が増加する――となっているのも、負の造血だからです。

遺伝情報は、化学進化によってＲＮＡワールド（ＲＮＡ＋タンパク質）からＤＮＡワールド（セントラルドグマ）へ、その際、逆転写酵素の働きがあった――これが既成理論ですが、中村運先生は、ＲＮＡワールド構築は生化学的にも「Ｓ

F的な話で疑問」と言っておられます（『生命進化7つのなぞ』岩波ジュニア新書）。

マコト科学字義の反対はサイエンス

神の創造の「陽・陰」二重ラセンで、生命科学最大の謎「地球の生命は、なぜ左型（L型）アミノ酸、右巻きDNAで二重ラセンか」が解けたことになります。

人工的にアミノ酸を化学合成した場合、左手型（L型）と右手型（D型）のものが、等量に出来ます。

宇宙から飛来する隕石のアミノ酸も、自然合成された、これらの混合物です。

既成理論の科学誌（「最初の生命」Newton 二〇〇七年三月号、ニュートンプレス）をご覧ください。

最初の生命はどう誕生した？

地球で？　それとも宇宙から？

モノから生物への「途方もない飛躍」

郵便はがき

恐縮ですが
切手を貼っ
てお出しく
ださい

160-0004

東京都新宿区
四谷4−28−20
(株) たま出版
ご愛読者カード係行

書　名					
お買上 書店名	都道 府県　　市区 郡　　書店				
ふりがな お名前			大正 昭和 平成　年生　歳		
ふりがな ご住所	□□□-□□□□			性別 男・女	
お電話 番　号	（ブックサービスの際、必要）	Eメール			
お買い求めの動機 1. 書店店頭で見て　2. 小社の目録を見て　3. 人にすすめられて 4. 新聞広告、雑誌記事、書評を見て（新聞、雑誌名　　）					
上の質問に1.と答えられた方の直接的な動機 1. タイトルにひかれた　2. 著者　3. 目次　4. カバーデザイン　5. 帯　6. その他					
ご講読新聞　　新聞	ご講読雑誌				

たま出版の本をお買い求めいただきありがとうございます。

この愛読者カードは今後の小社出版の企画およびイベント等の資料として役立たせていただきます。

本書についてのご意見、ご感想をお聞かせ下さい。 ① 内容について
② カバー、タイトル、編集について
今後、出版する上でとりあげてほしいテーマを挙げて下さい。
最近読んでおもしろかった本をお聞かせ下さい。
小社の目録や新刊情報はhttp://www.tamabook.comに出ていますが、コンピュータを使っていないので目録を　希望する　いらない
お客様の研究成果やお考えを出版してみたいというお気持ちはありますか。 ある　ない　内容・テーマ（　）
「ある」場合、小社の担当者から出版のご案内が必要ですか。 希望する　希望しない

ご協力ありがとうございました。


〈ブックサービスのご案内〉

小社書籍の直接販売を料金着払いの宅急便サービスにて承っております。ご購入希望がございましたら下の欄に書名と冊数をお書きの上ご返送下さい。

ご注文書名	冊数	ご注文書名	冊数
	冊		冊
	冊		冊

人間の祖先はナメクジウオ？

日米欧研究チーム ゲノム解読

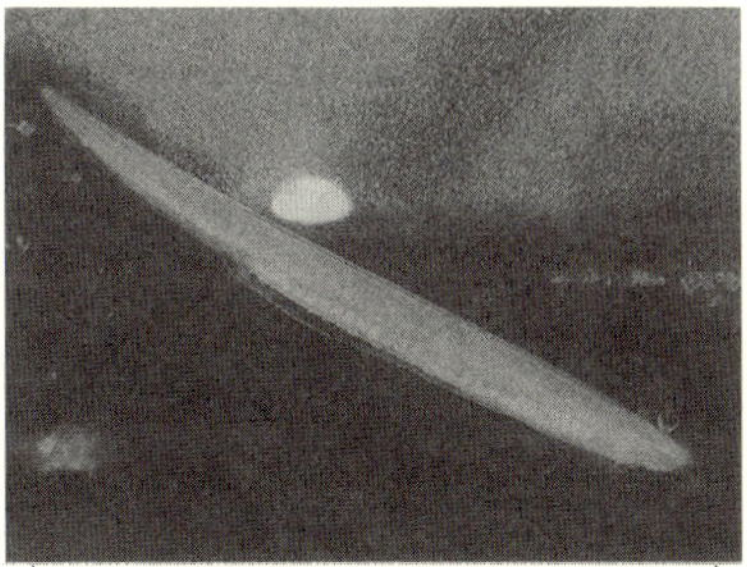

ゲノムが解読された「ナメクジウオ」＝17日

　日本を含む温帯や熱帯の海底に生息し、背骨を持つ脊椎（せきつい）動物の祖先と考えられている「ナメクジウオ」のゲノム（全遺伝情報）を解読したと、日米欧の国際チームが、十九日付の英科学誌ネイチャーに発表した。

　脊椎動物の起源に迫る成果。チームの佐藤矩行京都大教授は「脊椎動物はナメクジウオから進化して生まれたことが、ゲノムから裏付けられた」と話している。

　ナメクジウオは体長三―五㌢で魚に似ているが背骨ではない柔らかい体軸を持つ「脊索（せきさく）動物」の一種。脊索動物の仲間には海底の岩などに固着するホヤがいるが、従来は原始的な構造に見えるホヤから、ナメクジウオと魚類が別々に進化したのではないかと考えられていたという。

　約五億塩基対からなるナメクジウオのゲノム解読の結果、人間と同じ遺伝子を含む約二万二千個の遺伝子が見つかった。このうち約千遺伝子についてホヤなどと比較したところ、ナメクジウオが脊索動物の中で、最も原始的な動物と判明した。

　チームは、約五億二千万年前にナメクジウオが背骨や頭部などを獲得して魚類に進化。ホヤはその途中で枝分かれし独自に進化したとみている。

（熊本日日新聞　平成20年6月19日付）

生命の起源には、大きな溝が横たわっている。

——となっています。

マコト科学の字義と反対がサイエンスです。

サは割く、裂く（分化細分分析好き）。

イは意（神意）。

エは枝、枝葉事。

ンは一体化のみ働き。

ス《ス》は主で、丶で、ンの働きにて一体となり得ん。すなわち元還らしめざる限り、行き過ぎて、人間我と慢心致せば、悪き方の一切丶（終止符）、スの悪き方のストップのス（ピリオド）となる。

神の創造は「無」↓「有」ですから、素粒子よりケタ違いに小さい極微粒子の物質化があった、またある——ということです。宇宙物理学および生物学の理解でも、ともに大宇宙は「無」からつくられ、生命はヒトの場合「無」の構造の一ミリの十分の一ほどの受精卵から「無」→「有」で生まれているのは事実――と言っています。

宇宙は天地一切「火・水・土」（「五・六・七」）の三位一体のミロクの大原理でつくられています。宇宙史は「火」の火の玉ビッグバンから「水」（物質）の原子誕生（最初に水素）、銀河形成を経て、「土」の太陽系の生命《イノチ》の土玉の地球がつくられています。このため、生命は地球だけしか存在しません。「太陽・月・地球」（「火・水・土」）も三位一体です。

宇宙の創成と受精卵の発生は「火・水」・「陽・陰」の「タテ・ヨコ」（「無」→「有」）の無の構造の霊のムスビ（結び）の無限力です。このため、三位一体のミロクの大原理「火・水・土」の相似で土を生む地球が誕生、受精卵は生殖細胞の「土」が出来ています。

受精卵が宇宙創成の原点に還って「精子・卵子」（「火・水」）のムスビでつくられたあと、「陽・陰」のムスビで生命発生の原点に還って腸（植物は根）の絨毛で赤血球がつくられ、「火・水・土」で血（土）肉化します。

食べたもの（「陰」）が血となるには、神のみ光・「陽」（◎・左回転）が必要です。ホ乳類では、千島喜久男氏の理論どおり、赤血球（左型アミノ酸）の中にDNA（右型核酸）が生じてきます。「左先・右後」となっています。神の力が〝先〟なのです。

タテ（「ヒ」）＝「陽」・「火」・「日」・「霊」。

既成理論では、ヨコだけの物質が化学進化して生命誕生したとされていますから、具体化した遺伝子とタンパク質が生命現象の基本で、赤血球はDNAがなくなった老化現象となります。ヨコだけの細胞分裂一辺倒だからです。すなわち、「右先・左後」。

土は、EMのような善玉菌と植物と一体でつくられています。植物の生命力、ネ（根）力の神秘を説明するため、ニンジンの根の組織の小片を培養して、一度分化した植物の細胞の一個にも個体発生の全能性が保たれていることを実証した画期的なスチュワードの実験（一九六三年）があります。ニンジンの組織塊からはずれてきた、一個ないし数個の細胞が増殖してハート型と魚雷型の不定胚が形成されました。胚が出来るのは、植物が土と一体でつくられ、「火・水」のムスビの力が強いからです。すなわち、胚は動物では受精卵。

分化した体細胞の植物細胞が持つ全能性

「一度分化した体細胞の植物細胞に個体発生の全能性が保たれていること」を実証したイギリスのスチュワードの実験を見てください（次頁図）。ニンジンの細胞培養で「不安胚」が形成され、植物の〝血〟をつくる根が出て、完全な植物体に成長しています。土に植えると花が咲いて種子をつくっていることに注意しましょう。「胚」は、動物では発生を始めた受精卵です。

植物の場合、例えば葉という、すでに分化した体細胞であったものが、組織・細胞培養で増殖するときには、葉の組織としての特徴を失って「脱分化」、未分化の細胞塊となり、初期胚化して再分化し全能性を発揮するわけです。

ご経綸どおり、物資の開発は進み、物質科学の発達は驚異的なものがあります。

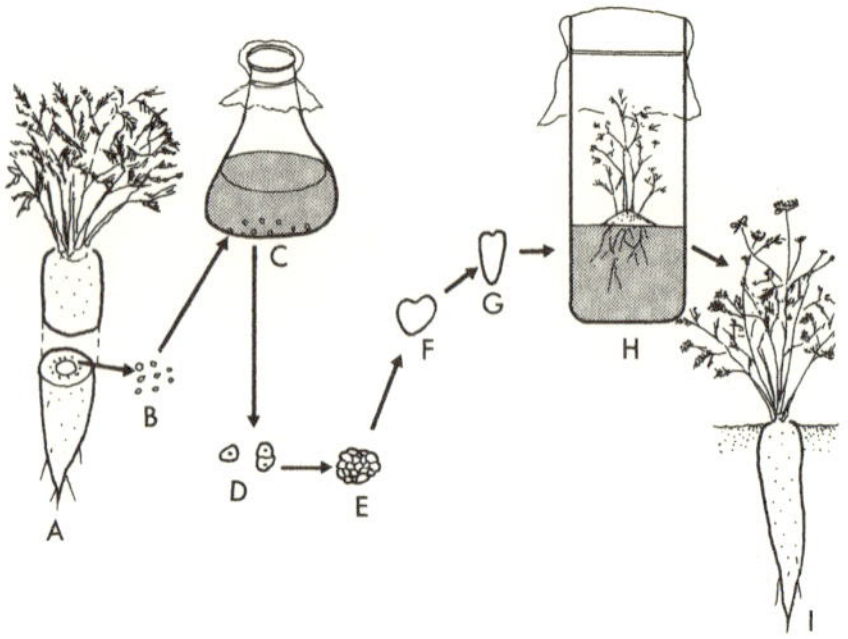

ニンジンの細胞を培養して完全な植物体をつくったスチュワード（F. C. Steward, 1963）の実験。ニンジンの篩部の切片２mg（B）をガラス器内の培養液（C）で育てると、単細胞が遊離してくる（D）。培地の中で胚発生を行わせると、ハート型胚（E）、魚雷型胚（F）を経て、完全な植物体に成長する（H）。これを取り出して土に植えれば、花が咲いて種子を作る（I）。
（「植物的生命像　人類は植物に勝てるか？」（古谷雅樹・著　講談社ブルーバックス）より）

しかし、物質が化学進化してＤＮＡがつくられ、生命が自然発生したという「化学進化」、そして、遺伝子ＤＮＡの突然変異（生殖細胞）を伴う細胞分裂を重ねながら単細胞生物から多細胞生物へ「生物進化」したという、小さな人知に基づく進化論。これが土台になっている生命科学では、単細胞生物の大腸菌とそれに感染するウイルスをモデル系としてＤＮＡが発見され、「水」（細胞・ＤＮＡ・セントラルドグマ・物質）の分子生物学などの進展で、「生命は有機物質の複雑な化学反応の集積にすぎない」という化学機械になってしまいました。

真の科学と王型が一つになり〝生命誕生〟

ヘソは神秘な存在です。なぜなら、土と一体の〝体外器官〟の生殖細胞（「土」）だからです。

ホ乳類では、ヘソ造血で赤血球の中にＤＮＡ（核）が生じてきます。タテのみ力が働いているからです。マコト科学を智るには、土（地）を取り込んだヘソと一体の自然（至善）の神（カ）学を学ばねばなりません。

ヘソは胎盤（卵子・生殖細胞）が子宮に〝根〟をおろし、絨毛で母胎から赤血球をもらい、胎児特有の赤血球をつくっています。

胎児の赤血球のヘモグロビン（赤血球の主成分）は、肺呼吸の赤血球と比べて特に酸素を捕捉しやすいものになっています。

酸素の多い新しい血液が、胎盤を通って胎児の本体の方へ行き、逆に二酸化炭素の多い血液が母体へ戻っていきます。

造血と呼吸は密接で一体です。新生児は、産声とともに多機能の〝体外器官〟から離れ、胎盤造血から小腸造血へ、胎盤呼吸から肺呼吸へと、生理的な大変動が起こります。これにより、土と一体の善玉菌が出てきます。

受精卵が「タテ・ヨコ」の宇宙創成の原点に還ってつくられたあと、「陽・陰」の産霊で〝生命発生〟の原点に還り、同様に赤血球がつくられ、「火・水・土」で血（土）肉化することになります。

このため、個体発生（形づくり）は、はじめに霊成型があって、系統発生を相似的に繰り返します。何万年、何億年経ってもそのパターンは変わりません。産霊の力の無限力です。

「神・幽・現」のタテの三界と前世《まえよ》・現世《うつしよ》・未来世《あとよ》のヨコの三世《さんぜ》にわたる「タテ・ヨコ」の三千世界《みちのよ》を貫いて定め置きたる手、それがヽ（創造主）の定められた王《おお》型《かた》です。タテの一一一《神幽現》とヨコの一一一《前世現世未来世》の大三界のタテに貫く大元の法です。

古くて新しい、若々しい「前細胞」の赤血球による霊成型の血（土）肉化ですから、受精卵の個体発生は〝生命発生〟の原点、古代海水（土）と相似の羊水につかりながら進化の系統発生、すなわち魚類――両生類――ハ虫類――鳥類――ホ乳類――ヒトを、常に相似的に繰り返します。

大元の法の王型に、（創造主）がついたのが主《ス》なのです。

真の科学と王型を一つにした〝生命誕生〟の素晴らしさを智りましょう。

現代文明が生み出した〝招かざる「異物」〟

では、人工的に「有」→「有」で出来た合成化学物質である環境ホルモンなどの「異物」のケースをみてみましょう。

胎盤（ヘソ）造血は発生の要ですが、「胎盤関門」と呼ばれ、自然の中にある毒物や大部分の病原菌などは通さず、外部の有害な影響から胎児を完璧に守る盾（関所）の役を果たしていると考えられています。ところが、病原菌よりも小さいウイルスやニコチン、麻薬、有機水銀など、現代文明が生み出した有害化学物質のほとんどを通してしまうのです。なぜなら、それらが〝招かざる「異物」〟だからです。

胎児は、〝吸収されたものが血となる〟のですから、母胎の赤血球をもらって胎盤で自己特有の血をつくっています。そのため、「異物」の洗礼を受ける危険性があります。さらに生後は、母親の〝血が乳となる〟ですから、病気から守るために与えられるようになっているはずの母乳を介して、母親から乳児へ譲りわたされてしまいます。「胎盤関門」のほか「血液脳関門」、さらには、胎児にもある「胎児胎盤関門」「精巣関門」もスルリと通り抜ける危険性があるということです。

世界の祭りの始まり

真の科学、次元高き神学は、禾偏のついた斗＝神・幽・現三界＝をタテに貫きたる力学によって創られました。

禾とは、ノは丶（創造神・「ス」）の霊力、ネ力《りき》あまくだって（ノ）、地の気と化し、すべて種とならせ、まず木々この土にはえさせし仕組みを示し、従って一切物の世界はムよりウ、無より有へ、空より色へ、ウムア（アは開顕する）せしめる法と働きとなっています。

斗の三は、神・幽・現（霊・心・体など三位界）の三界にわたってタテ＝神が創られたのですから、向かって左＝に連なって生き生きとして動く理となります。「ス」の霊力・ネ力《りき》があまくだって（ノ）、植物・地（土）・善玉菌が一体となっています。

超太古まで遡ると、神霊界は富士のみ山のような三角形で整然と秩序正しく運行されており、まさに天行は健・和・富そのものでありました。

ある時、神様は神霊界の姿を物質をもって顕現なされようと発願せられて、天と地をお創りになり、次いで山川草木をお創りになられました。後に、神ご自身の神魂を分け与え、すなわちご自身の相に似せて、神の子霊止を創造されたわけです。これが人類の発生であり、五色人《ごしきじん》の創造であります。

ところで、宇宙初発の大元の神様は御一方であり、その御一方こそ第七次元神界の最奥に座します「ス」の大御神様で在らせられますが、神霊界のその初めは、「ス」の大御神様御自らが神々をお産みになられ、統括され、たくさんの神々が出現されました。

この神々が神霊界では、富士のみ山の型のように配置され、次いで最初の「人類生成化育時代」に入るわけです。万物の霊成型をお創りになられた天神六代国万造主神様は、第六次元神霊界にご出現あそばされ、大天底に一番近い第五次元神霊界の統治神として五次元界に天降られたのです。国万造主大神様のご神魂は、第四次元に変化されてご出現され、それが国常立大神様です。

第三次元界であるこの地上に五色人が創られると同時に、万象の霊成型をお創りになられた国万造主大神様は、天祖の神々様を第三次元界の人類界に近い所である第五次元神霊界の大天底へご勧請あそばされ、恭しくお祝い申し上げました。これが「神初めの祭り」であり、「木の芽春立つ日の祭り・立春祭」です。

世に多くの祭りがありますが、最初の祭事が「立春の祭り」であり、これが世界の祭りの始まりであり、真の正月元旦の所以《ゆえん》もここにあります。

木の芽春立つ日の祭りは、神ご経綸の始まりであって、神代の暦の起点となってまいります。

ミロクの世が来ることを預言したわらべ唄

多くの人々にうたいつがれたわらべ唄「かごめかごめ」が、神の創造が明らかになって創造神のお出まし、ミロクの世が来ることを預言していました。

かごめかごめ　篭の中の鳥は
いついつ出やる　あしたの晩に
雪駄（せった）をはいて
チャラチャラ出やる

「チャラチャラ出やる」――「チ」――血（赤血球）、霊（「陽」）、土《ツチ》《つち》（地）、「土」（生殖細胞）＝生命《イノチ》の「チ」です。「ヤ」――八「ヒフミ」のヤ、山（ヤマ）で『赤血球先天八卦図』の細胞（八白・艮・山）、平成四年は「八白・艮」の年、「ラ」・「陽」（◎）。「ヤ」はタテでもあります。

「あしたの晩に」――あしたは明日でなく、朝のあした（↔ゆうべ）。「あしたの晩」の晩は、夜明け（明け方）の晩―黎明の時でしょう。

朝はアサ（ＡＳＡ）、すなわち「アスア」で、〃天（アマ）の岩戸〃を創造神・「ス」が開（ア）けられる――なのです。天《あ》界《ま》の夜明け――「二」から「三」のミロク文明への〃天意の転換〃です。

「アスア」はまた、「ア」（「アイウエオ」）の中から「ス」神が現・顕（アラワ）れる。

同時に、「ア」（「アイウエオ」）・ス（素・元）・ア（明）で、「アイウエオ」は、神がつくられた根源語であることが認識されるでしょう。

以上のことは、神のみ光の「ラ」・◎が開いたミロク文明転換年の平成四年（ご経綸の「八」）の翌年の酉年《トリ》（同五年）、前著にて書かせていただきました。

神代の夜明けを告げる鶏が鳴り響き、ここに正神真神のご出現をみたのであります。黎明の暁鐘は高鳴り、主《ス》の大御神様は〝輝くみ光〟となってご出現あそばされておいでになられるのです。

救世へのヴィジョンは、神霊界の如くピラミッド型を構築していきます。霊的には上から下に与える「ヨのみ働き」となり、下から上へ吹き上げる「フのみ働き」となります。つまり、上下相共に相互して万華していく相に他なりません。三角形と逆三角形が十字に組むことによって真十字となり、〝真力《マりき》〟が発揮されるのです。

ユニバーサルデザイン（万人向けの設計）を構築する「弥栄えの原理」は、✡の中に秘められています。その✡＝カゴメを操っていらっしゃるお方は、天地の中心の丶《チョン》の神で、✡（カゴ）のなかの鳥にたとえたものです。

「あしたの晩」のところは、「夜明けの晩」「八日の晩」「十日の晩」それに「七日の晩」もあります。ともにご経綸の「八〜十」の神の代の到来を示しています。七日はナル（成）のラッキーセブン。

さらに、歌詞のなかには、「夜中のころに赤いちょうちんつけて白いちょうちんつけて、まだかいないかいよしかいかね」というのもあります。赤は赤血球、白は白血球でしょう。「夜中」ですから、千島喜久男先生が昭和二十二年（一九四七年）千島理論の学位請求論文を大学に提出、正式に受理されながらあまりにも革命的であったため審議に至らなかった〝暗い〟イメージによく合っているではありませんか。

千島先生の悲痛な叫びが聞こえてくるようです。もちろん。〝天の岩戸〟はまだヒラかれてはいません。

「神は私に大きな仕事をさせようとしている」

これは千島先生が夫人に漏らした言葉です（『千島学説入門』忰山紀一・著、地湧社）。

「鶴と亀」は、「十日の晩に」の唄で（一）、（二）に出てきます。

（一）カゴメカゴメ　篭の中の鳥は
いついつ出やる　月夜の晩に
ツルとカメがつーるんだ
うしろの正面だーれ

（二）カゴメカゴメ篭の中の鳥は
いついつ出やる月夜の晩に
ツルとカメがひっかいた
うしろの正面だーれ

（一）は、月の系統の神々の統治の終わる終末期、ツルとカメが仲良くする。

すなわち、ツルはアメリカ大陸、カメはシベリア大陸ということで、それぞれが仲良くして日本をひっくり返してしまうぞということです。

（二）は、ツルとカメが対立して、引っかき合いをするという意味です。すなわち、米・ソが日本をつぶすと、ツルとカメが対立して直接引っかき合いをせねばならないような世の中となるぞ、という預言で、それが米・ソ二大陣営の対立闘争となることを、当時から暗示したものです。

「真光の業」が礎

日出づる国は世界の東北の霊《ヒ》（陽《ヒ》）（日《ヒ》）の元（本）つ国――日本です。

朝日とは、アスア（サ）ヒ→天主開陽《アスアヒ》――天の岩戸を「ス」が開けられる→ご経綸「八」の世の「ラ」（陽）開きでした。

創造神・「ス」のおコトバ――預言どおりです。

陽霊の元の地から陽光文明の世の夜明けとなりました。

高次元からの「タテ・ヨコ」――「火・水」（「精子・卵子」）の産霊は、ナ（ア）ム（ウ）――無（霊体）↓有で生まれてきます。

母音のアとウが必要――母音の神気をいただかねばならないのです。

食べたものが、赤血球に遺伝子ＤＮＡが生ずるには、神のみ力「ラ」（陽）が必要。

ア＝火・日・陽・霊・神・天・明・光・五（「ス」）。

タテ＝火・日・陽・霊。

※アとタテは一体です。

十《カミ(ム)》の火、陽の精霊は「ラ」。力《チカラ》の本体です。

「火・水」・「陽・陰」が十字に結んで左回転するチカラ、神の力が本質です。

カラダも陽霊の有と生り成り鳴るには赤血球が必要。火で日で陽ですからアカ。

赤き陽の血霊が物・殻・体となるとアカ血で血玉、血球です。

ヨスカとは、主《ス》のみ力《チカラ》を分け与えるみ役、与主カ（ヨスカ）で、神の光のカと力《チカラ》のカになります。

メシアは神の光「真光の業」と言霊をいただきました。まず真光の業が礎。幾万年、待ちに待った昼の世の訪れる証しです。

正（陽）神の天神七代天照日大神が位山（岐阜県）の〝天の岩戸〟に天降られました。天照日大神の御子が初代スメラミコトです。

霊の元の霊とユダヤの物力を真十字に組むようになっています。

米（米国）、蘇（ロシア）、支（中国）の祖先も、日本もユダヤも兄弟です。受け持つ責を分かたれていたのです。

千島理論が「陽・陰」、遺伝情報発現が「陰・陽」の理由

千島理論と易の基本型・先天八卦図がドッキング、『赤血球先天八卦図』が誕生しました。中国の太極図や韓国の国旗（太極旗）と相似です。『赤血球先天八卦図』の〝先〟（奥）に、「火・水」・「陽・陰」の産霊による宇宙創成の「火・水・土」があり、受精卵（「土」）と「火・水・土」の土が重なります。産霊の力は無

限力で、宇宙創成と受精卵の発生は相似だからです。

また、「アイウエオ」とも結びついて、赤血球産生、形態形成（発生）はカ行とタ行の「カタ――コト――モノ」（神のみ力、み働きによって「無」→「有」の物質化）。「タテ・ヨコ」の十字の産霊もあります。

太極は、天地がまだ分かれない以前の宇宙万物の元始。万物生成の根元ですから創造神。「アイウエオ」はじめ、言霊と結ばれた『赤血球先天八卦図』は、大元の法《ノリ》と拝察されます。

ご経綸「八」の時、ご神示にて、

「大元のノリの一つを語らん。汝等学問致さざれば進歩なしと思う尤もなり。否なれども学問のみにて行かんとせば、人知の限界は越ゆること中々の事なり。されど実は夢に終わらん。それ迄に天地かえらくも致すよ。『我苦悶の世』と化けしむるだけなり」

のおコトバがありました。

ここには『赤血球先天八卦図』が預言されていました。

「陽・陰」（「◎・◎」）による赤血球産生と血肉化の「無」↓「有」は、「陽」を主軸に左回転（「陰」は右回転を続ける）しながら物質化（↓《タテ》）が進みますが、赤血球の中にＤＮＡが生じた（物質化）あと、セントラルドグマでの遺伝子ＤＮＡ発現で「陰」の力が強くなり、高タンパク質化、器官・組織特有のタンパク質群がつくられます。

この過程が、『赤血球先天八卦図』と太極図を重ねてみるとよく理解できます。

『赤血球先天八卦図』を見てください。

「陽」（◎）を主軸に左回転して赤血球が出来たあと、ＲＮＡ（網赤血球）が生じています。今度は「陰」（◎）に移って右回転となり、ＤＮＡ（赤芽球）――白血球――細胞となっています。太極図と相似で重なります。

千島理論が「陽・陰」で、遺伝情報発現が「陰・陽」なのは、後者はＤＮＡが物質化した「水」（細胞・ＤＮＡ・セントラルドグマ）の段階で行われるからです。

このため、開始を意味する八卦は坎（水）です。

遺伝情報は、「火・水」・「陽・陰」の産霊のみ力・み働きによる「無」→「有」の「カタ・コト・モノ」のコトバ（暗号）です。渡辺慧先生は「分子遺伝学は概念的にも法則的にも還元論の不可能を教えてくれるものと評価すべきだ」と言わ

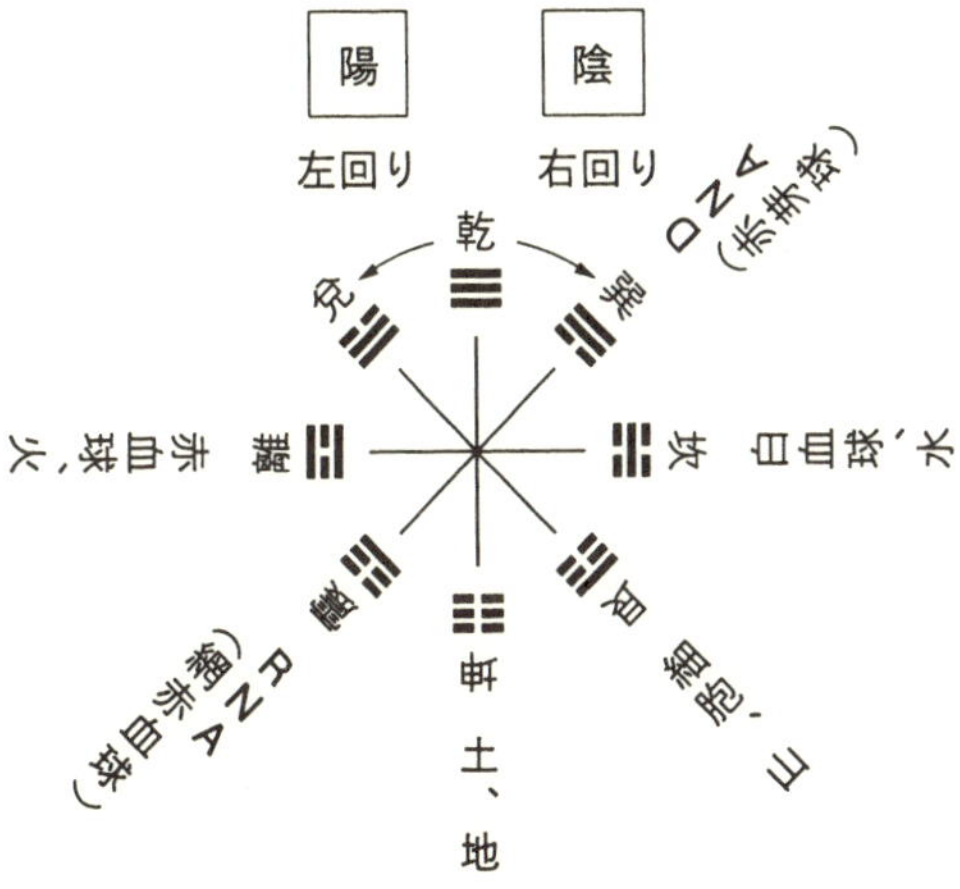

赤血球先天八卦図

中国の太極図

れ、また「生命はコト。大切なのはモノの裏にもっと大切なコトがあるということをいつも心に入れておくこと」と述べておられます（『生命と自由』岩波新書）。人間最高の知恵の結晶ともいわれる易経は、生命科学の先端、遺伝情報ＤＮＡを予知していました。

渡辺慧先生は〝神の創造〟がわかっておられました。

〝神は光なり言霊なり〟だからです。

「陽」の中に「陰」、「陰」の中に「陽」

既成理論では、ヨコだけの物質が化学進化して生命誕生したことになりますから、具体化した遺伝子とタンパク質が生命現象の基本で、赤血球はＤＮＡがなくなった老化現象となります。これではむちゃくちゃです。

千島理論を易学的に解読すると、「乾」――陽の気が発動（左ラセン回転）し、「口」（兌から悦んで食べたものが赤血球（「離」、火、赤）となり、ついで核酸ＲＮＡ

（「震」、酸い、現れる、芽生え、網赤血球）が生じます。戻って、右ラセン回転し、DNA核酸が形成され（「巽」、斉〔ととの〕う。RNA・DNAがそろう。赤芽球）て、白血球（「坎」、水、白、交わる）となり、細胞環境にしたがって肝臓なら肝臓の組織・細胞と交わって、それぞれの細胞（「艮」、止、終、山、節のあるもの、継ぎ目だから細胞膜、また初め、復活、よみがえるの意味から赤血球へ逆分化）になります。最後に生殖細胞（「坤」、土）へといたります。

「火」（赤血球）――「水」（白血球）――「土」（生殖細胞）がきれいに並んでいます。

千島理論と易の先天八卦図が重なり一つになって、『赤血球先天八卦図』が誕生しました。

大切なことは、太極図でも見られるように、「陽」の中に「陰」、「陰」の中に「陽」を含んでいる――「陽」を主軸に十字にムスばれ、「左〃先〃・右〃後〃」で物質化が進んでいることです。

神のおコトバを拝聴してください。

スの神、天地の初発「神生み」のその初めに、火霊・水霊、火の神・水の神創りてより後、陽陰の神生みなしたるものなり。このこと判らずては、神々の事も、宇宙の仕組みも、人類幸の源、歴史も、永久につかみ得ざる謎に包まれ終わるを以って、汝には強く求めしむるなり。

「陽」・「陰」は、天地に満ちあふれていると拝察されます。

ミロクの世の到来を示した三千世界

『赤血球先天八卦図』は、暦（九気暦）とも一体です。『赤血球先天八卦図』と「アイウエオ」がドッキングした平成四年は、八白（艮）の「八」の年です。

先天八卦図に方位をつけた「伏義の八卦の方位図」から移行したのが、九気・

後天定位盤。伏羲の方位図には「五」はありません。「五」は太極を意味し、天、ア、神、ヒです。

後天定位と平成四年の九気（星）盤を並べましたが、定位盤の「八」の位置が「五」（中央）の東北（南北が地図とは逆）にあたる「艮」です。「艮《うしとら》」（東北）の方角は〝鬼門〟と呼ばれ、古くから百鬼出入の門として恐れられてきました。「艮」の金神といえば、陰陽道では、悪の祟り神を意味します。

この〝鬼門〟が〝貴門〟で「艮」の金神は国常立尊（大神）とわかったのが、平成四年の立春、八白・艮の年の正月元旦です。

八白の年は、「八」が中央「五」の位置にきて、〝鬼門〟の「艮」（「八」）が〝貴門〟（五・天・ア・神・ヒ）に入っています。

「八」（山・細胞）の定位には「二」（二黒・坤・地・「土」＝生殖細胞）。「二」の定位には「五」（天・神）。

明治二十五年（一八九二年）の節分、「艮」の金神国常立尊は、大本の開祖出口ナオの口をかりて〝初発の神勅〟をおろされたといわれます。

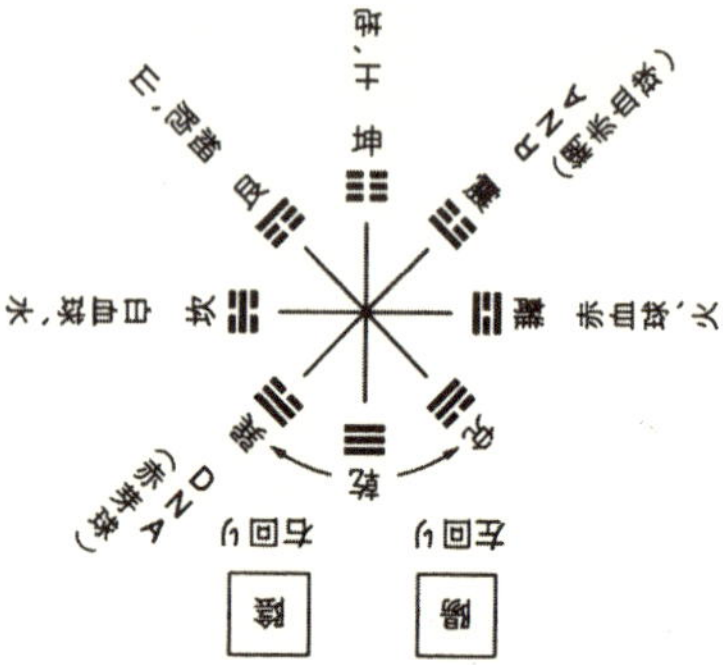

赤血球先天八卦図

伏羲の八卦の方位図

南

七	三	五
六	八	一
二	四	九

北

平成四年の九気盤

南

四	九	二
三	五	七
八	一	六

北

後天定位の九気盤

「三千世界の大洗濯、大掃除を致して、天下泰平に世を治めて万古末代続く神国の世に致すぞよ。神の申したことは、一分一厘違わんぞよ。毛筋の横幅ほども間違いはないぞよ。これが違うたら、神はこの世に居らんぞよ」（『出口王仁三郎三千世界大改造の真相』中矢伸一・著、KKベストセラーズ）

三千世界は、千＝チ（霊）で、「神界・幽界・現界」です。「三千世界の大洗濯」「神国の世に致す」と、ミロクの世の到来をお示しになっておられます。

私の生まれは九気暦の昭和四年「八白・艮」の年ですが、ご経綸「八」の世は同じく「八白・艮」（平成四年）でした。

その年の節分の翌日、九気暦の正月元旦の立春に〝初発の神勅〟をいただき、鬼門が正神の貴門とわかり、ついで気門―起門となって、エイズウイルスのRNA→DNA→細胞化がわかり、『赤血球先天八卦図』と続きました。

立春の日に正神の国常立大神とわかって、前著を書かせていただいたわけです。〝初発の神勅〟どおり「トドメに艮の金神が現れて世の立て替えを致すぞよ」に、なりました。

特別な関係である「五」「八」「二」

中央に「五」（定位）「八」「二」の三つの九気（星）盤を並べてみると、やはり「五」「八」「二」は特別な関係にあります。

九気定位盤（中央に「五」）は、縦、横、斜めともそれぞれの計が15とそろっていますが、ほかは「八」「二」の九気盤だけです。

「五」「八」「二」の数象をみても、ともに五と十です。

平成四年の「八白・艮」の年は「八」（山・細胞）が中央に入り、そのあとに「二」（坤・「土」生殖細胞）が、「二」の定位（中央「五」の定位盤で）には「五」の〝貴〟が入っています。

「二」（二黒・坤）は、鬼門（艮《うしとら》＝丑寅・東北）に対し、裏鬼門（未申《ひつじさる》・西南）といわれています。

鬼門——貴門——気門——起門で、細胞と生殖細胞（「土」）は、一緒にヒラかれることになっていました。細胞（「八」）＋生殖細胞（「二」）は十。

四	九	二
三	五	七
八	一	六

七	三	五
六	八	一
二	四	九

一	六	八
九	二	四
五	七	三

第三章　ミロクの原理と運命の数字

必ず実現される⁉ ミロクの預言

大本（開祖出口ナオ・出口王仁三郎）は、明治二十五年の節分の〝初発の神勅〟から昭和十七年末までの五十年間で〝地の準備神業〟の役目を果たし、ミロクの預言は必ず実現されるといいます（『出口王仁三郎　三千世界大改造の真相』中矢伸一・著、ＫＫベストセラーズ）。

平成四年の「八」の世（ミロク文明転換年）に〝初発の神勅〟をいただいたのは、大本の〝初発の神勅〟から百年後のことですが、大本のコトバによると「昭和十七年末までの五十年間で〝地の準備神業〟の役目を果たし、ミロクの預言は必ず実現される」となっていますから、「五十年」と、その後の同十八年〜平成四年の「五十年」と、きっちり分かれます。

「五」・「八」・「二」の九気盤は、タテ・ヨコ・斜めの計がそれぞれ十五。

まさに、五と十のゴッド（神）づくしです。

「八」・「五」・「二」のほかの因縁線は、「一」・「七」・「四」が十二のメシア（三四五）、「三」・「六」・「九」は十八のミロク（五六七）の聖数となっています。

メシア・ミロクと進んでゴッド（五・十の数象・「八」・「五」・「二」）で神の創造・ご経綸が明らかになることをお示しになっているのでしょう。

〝初発の神勅〟は節分の日でしたが、大本では、節分とは、国常立尊など正神系の神々を押しこめた日であるとして、その祭事も厳粛に行い、煎り豆の代わりに生豆を撒いたり、「福は内、鬼も内」と唱えることになっています。

国常立尊は、しめ縄を張り巡らされ、「煎り豆に花が咲くときまで出てくるな」と呪いの言葉を吐きかけられたといいます。煎り豆には花が咲かないことから、永遠に出てくるなという意味です。

ミロクの原理があやなすコト・モノの世界

「八」の年にふさわしく「ヒ」ラセンがヒラいた年となりました。

〝初発の神勅〟どおり、「神の申したことは一分一厘違わんぞよ。毛筋の横幅ほども間違いはないぞよ」でした。

千島喜久男先生の千島理論に導かれて逆転写酵素・ガンへのミチは、還元カガクのデータや最先端の分子生物学と既成カガクを超える「気」を取り込み、易と結ばれて『赤血球先天八卦図』が誕生、「火・水」・「陽・陰」『火・水・土』(ミロク)の大原理に到達しましたが、「アイウエオ」「ヒフミ」と国常立大神の〝初発の神勅〟はすでに知っていた、いや待っておられました。

易、九気暦、コトバなどは既成カガクにとっては無縁な、むしろ〝迷信〟とされてきたものです。

生命・自然・コトバは一体で、ミロクの原理があやなすコト・モノの世界、神によって創造された、いまなお常に神のみ力が至善にはたらく、大芸術品です。ミロクの原理を示された『赤血球先天八卦図』・「アイウエオ」・「ヒフミ」・九気暦のドッキングは、明らかに自由競争の無限定の世から神のご経綸に一体化させる霊主文明への天意の転換が写されたものと拝察いたします。

節分のきっかけは正神の神と副神の神との政権交代

〝初発の神勅〟は立春の前日の節分でしたが、〝鬼門〟が〝貴門〟で、艮の金神は正神国常立大神とわかったのが、ご経綸「八」の世（ヨ）の立春、「八白・艮」の年の九気暦の正月元旦でした。

このことは、神の創造とともに大変なことを教えられていたのです。

立春の前日は節分ですが、これはずっと後世になって作られたものであり、その起こりは、そもそも神霊界における正神の神と副神の神との政権交代がきっかけになっております。

　国常立大神がご引退のとき、副神の天若彦神は、事もあろうに煎り豆を投げつけ、「二度と岩戸から出て来ぬように」と呪術をかけました。煎り豆には花が咲かないことから、「永遠に出てくるな」という意味です。

　この名残が今日節分の日の豆まきの行事として「鬼は外、福は内」と言って〝艮の金神〟を追い出す祭りとして残されているのです。

　国常立大神は、はじめ霊体を富士のみ山にお隠しになられ、肉身を琵琶湖にお隠しになられましたが、その肉身を切り裂いた型が、お雑煮や節分の夜に、魔除けとしてイワシの頭にヒイラギの枝を刺したりして門口に挿す風習として残されています。

　このように、人類共通の天津罪について、こころから主の大御神様をはじめ大天津神々様にお詫びを申し上げ、「岩戸閉め」の型として残っている「シメ縄」や「豆まき」などの悪しき習慣は、速やかにやめていただかなくてはなりません。

日本の国土は世界の縮図

日本の国土は竜体（竜神のすがた）をしています。また、世界の五大州を凝縮した形になっています。

「日本の国土は、地上神界の主宰神たる〝艮の金神〟こと、国常立大神の御肉体そのものなのである。したがって、日本は地上界における霊的中枢であり、世界のひな型であることを、その国土をもって体現している。

国常立大神は、世界東北（丑寅《うしとら》＝艮）にあたる日本列島にご隠退することになった。それ以来、〝艮《うしとら》の金神〟と呼ぶようになった。

また、国常立大神の妻神である豊雲野大神は、未申《ひつじさる》（南西）の方角にあたるイスラエル地方に退去され、〝坤《ひつじさる》の金神〟と呼ばれるようになった。以来、南西の方角は裏鬼門と称されている」（『日月神示』『日月神示――神一厘のシナリオ』ともに中矢伸一・著、徳間書店）。

日本列島は世界の縮図

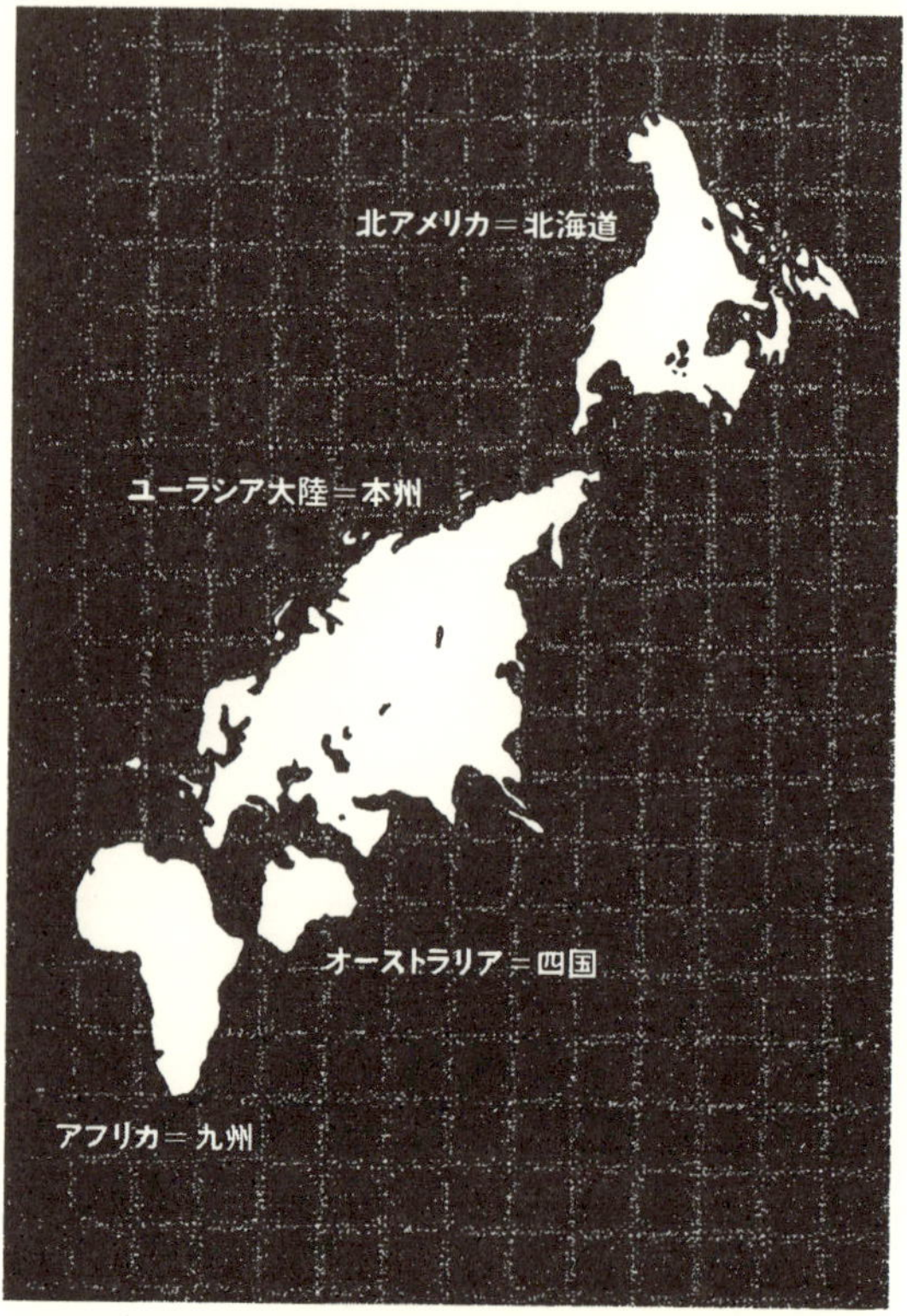
北アメリカ＝北海道
ユーラシア大陸＝本州
オーストラリア＝四国
アフリカ＝九州

〝鬼門〟〝裏鬼門〟です。

三大因縁で出来ている世界六十億の人

九気（星）、十二支に五色を加え、これらを三大因縁といいます。世界中の六十億の人は、三大因縁で出来ていることになります。五色については後に詳述します。

亥寅巳申	二五八	二黒土星	五黄土星	八白土星
子卯午酉	一七四	一白水星	七赤金星	四緑木星
丑辰未戌	三六九	三碧木星	六白金星	九紫火星

亥寅巳申の年の人は、二黒、五黄、八白の星（気）にしかなれないわけです。
浅見宗平氏が次のように言われます。

三	八	一	八	四	六	一	六	八
二	四	六	七	九	二	九	二	四
七	九	五	三	五	一	五	七	三
二	七	九	四	九	二	六	二	四
一	三	五	三	五	七	五	七	九
六	八	四	八	一	六	一	三	八
七	三	五	九	五	七	五	一	三
六	八	一	八	一	三	四	六	八
二	四	九	四	六	二	九	二	七

九星便利図面

「九星（気）、十二支は、神様がつくられた神理、神学です。神様は五黄殺、暗剣殺、表鬼門、大安、仏滅（の日）などはつくっておられません。そのようなことを信じている人は、悪いことがあっても、物事が悪くなっても神様のせいにしてはいけません。神様がつくられたのではないことをしている人は、神様に見捨てられても仕方ありません」

九星（気）便利図面で見ると、三組の因縁同士の数字は、それぞれ中央にきたとき、各組の三つの数字が東北から西南にかけて同線に並んでいることがわかります。

東北の方角に並ぶ因縁線は艮線といえます。

日本のピラミッドネットワーク

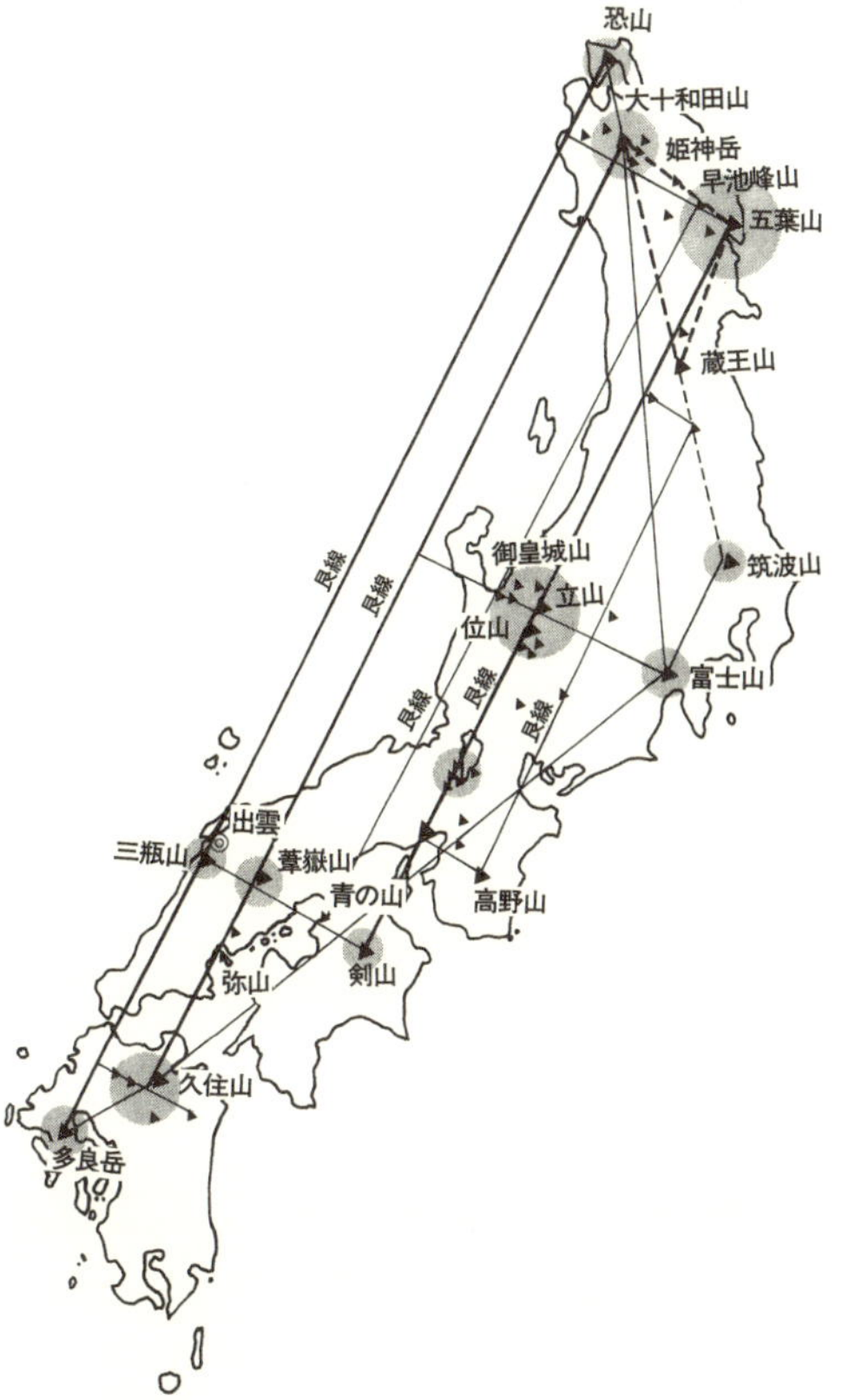

（「日本ピラミッド超文明」（伊集院卿、大平光人・共著 学習研究社）より）

日本の山々は、飛騨高山（岐阜県高山市）の霊峰位山の〝天の岩戸〟を中心として艮線のネットワークが出来ています。

五色人の創造・分布は九気暦のコトバと一体

昭和五十九年十一月三日、創造神・スの大御神様を斎《いっ》き奉る主座が位山のある聖地に建立されました。

正（陽）神の天神七代天照日大神はピラミッドの大神で、位山の〝天の岩戸〟に天降られました。天照日大神の御子が初代スメラミコトであり、そして二代スメラミコトの時、五色人の発生・分布となりました。

左の表のように、九気暦の数象五・十の「五」「八」「二」が艮線上に並ぶ定位盤（中央「五」）に方位と色のコトバを入れてみました（地図とは北が逆）。黄色が斜めに三つ並ぶ黄線は艮線と重なります。鬼門は黄門・貴門だったのです。

この表を見ると、驚いたことに、黄、赤、白、青、黒と五色人の色が出ています。しかも、黄——中央（艮線）、赤——南、白——西、青——東、黒——北となっているのは、太古、スメラミコトのご即位式に、世界に散った五色人の王たちが、従者を連れて参列していた時の色別の位置を示しているのです。五色人の創造と分布は、九気暦のコトバとも一体であり、ご経綸の一環であることがわかります。

青（東南）	赤（南）	黄（西南）
青（東）	黄（中央）	白（西）
黄（東北）	黒（北）	白（西北）

九気（星）定位盤で

（地図とは北が逆）

四	九	二
三	五	七
八	一	六

九気（星）定位盤

七	三	五
六	八	一
二	四	九

平成四年の九気（星）盤

偶然の一致と片付けられない数字

次の噴火と大地震の数字を見てください。偶然の一致と片付けられるでしょうか。

▽サンフランシスコ地震
一九八九年十月十七日
▽雲仙・普賢岳噴火
一九九〇年十一月十七日
▽ロサンゼルス地震
一九九四年一月十七日
▽阪神・淡路島地震
一九九五年一月十七日

ともに十七日で、言霊は十（神）七（鳴る）です。一月は「ヒフミ」の「ヒ」（神）、十月は神、十一月は統一の統べる（スベル）のス・創造神。〝神の怒り、警鐘乱打〟と、謙虚かつ真剣に受けとめるべきでしょう。

雲仙・普賢岳噴火の平成二年（一九九〇年）には、エイズウイルス（RNA遺伝子）が持っている遺伝子DNA発現のセントラルドグマ（DNA→RNA→タンパク質）に逆らう逆転写酵素が、実は赤血球のRNA・DNA・細胞化をはっきり示す逆転写ならぬ転写酵素（RNA→DNA）であることの発見がありました。同酵素は、物主文明からミロク文明への『文明逆転酵素』といえます。

この発見が、ご経綸「八」の「ラ」開き（神の創造が明らかになる）の実質的なきっかけとなりました。

ちなみに、雲仙・普賢岳噴火は私の誕生日と同じでした。

ゴッドライン「五」・「八」・「二」

創造神・「ス」のご神示どおりになっていることに慄然とするばかりでしょう。

平成四年のご経綸「八」の年に国常立大神に〝初発の神勅〟をいただき、平成七年（一九九五年）はその数霊どおり「成り生り也って鳴り出づるみ代へ」の突入となりました。

平成七年（一九九五年）一月十七日。数霊では十は「カミ」、七は「ナル」という。すなわち、七年の一《ヒイ》の月の十七《カミナル》の日に、一千年に一度というべき大地震が大都会に発生しました。阪神・淡路島大震災です。

昭和三十八年（一九六三年）十一月二十七日のご神示を見てください。

「知らせおきたる地震いなば、地の上大浄め起こり、大ユスブリ始まる年近きを知れ。三段の構え終わりあり」

昭和四十七年（一九七二年）十月の月始祭で、メシアが驚くべき予告をされていました。

メシアは、地の大ユスブリの第一段の年を次のように断定しておられたのです。

「ご承知のように『御誓言』にも『知らせおきたる地震いなば、地の上火の大浄め起こり、大ユスブリ始まる年近きを知れ、三段の構え終わりあり』と出ている。今だから申し上げられるが、神様は、『その第一段の大ユスブリ期は、お前が立教してから三十五年目くらいにくる』と示しておられる。言い換えると、その前にあらゆる面でいろいろと災害期の前兆現象期的な状態になる」

立教三十五年目の年とは、ス神のご神示の第一声をいただいた誕生日の昭和三十四年（一九五九年）二月二十七日から数えて、なんと平成七年（一九九五年）の誕生日の前日の二月二十六日まででした。

阪神地区の神戸の言霊は神の戸、扉であり、その名のとおり、「神の門」であったのです。阪神・淡路島大地震では、神の門がハジけて神戸と高山の間に東北（艮）の聖なるラインが引かれました。

平成七年五月の「ラ」開きの著書『言霊《ことだま》がエイズウイルスの謎を解く』（たま

出版）の出版は、ご経綸「八」の年に書かせていただくようになったものです。
さらに、発刊の年も九気暦の「五」の定位盤の年です。平成四年の「八」の年も九気暦の「八白・艮」の年。数象五・十の因縁同士の「五」・「八」・「二」がゴッドラインといえる艮線に並んでいます。

さらにさかのぼりますが、昭和五十七年の立春大祭ご教示では、「今後十年は、人類界の存亡を決する最後の時代」となっていました。

平成四年の「ラ」がヒラ（ア）き、神の創造が明らかになったご経綸「八」の世のミロク文明転換年まで、きっちり十年でした。

私の生まれは九気暦の昭和四年「八白・艮」の年ですが、「八」の世は同じく「八白・艮」（平成四年）だったのです。

人類の運命を決した二十一世紀に至る最後の十年間

神界の〝天の岩戸開き〟は、現界の〝天の岩戸開き〟となってあらわれます。

昭和五十七年の「最後の時代」のご教示から二年後の同五十九年十一月、人類史上に燦然と輝く金字塔というべき建物が建立されました。すなわち、創造神・スの大御神様を斎き奉る世界総本山の主座が、天照日大神の天降られた聖地・位山のある日玉の国・高山（岐阜県高山市＝飛騨）に建立されたのです。

神様とメシアとのご契約である主座建立の聖なる大事業を継承された二代目教え主は、十年の歳月をかけて聖使命を全うされました。真の〝天の岩戸〟は開かれ、地上天国文明の黎明を告げる神来電鈴《ジングルベル》が鳴り渡りました。

ご覧ください！

昭和五十九年の主座建立から、「ラ」開き（神の創造が明らかになる＝「アイウエオ」の「ラ」）の平成四年まで、きっちりヒラ（ア）クの八年です。「八」ヒラ（ア）クと同じ「開く」の言霊は「八」、さらに昭和三十七年の天意の転換からメシア（三四五＝12）・ミロク（五六七＝18）の三十字（三十年）となりますので、平成四年を『ミロク文明への転換年』とさせていただきました。

この年は、九気暦でも「八白・艮」、艮の金神・国常立大神の〝初発の神勅〟

から百年（五十《ゴッド》＋五十《ゴッド》・十《カミ》×十《カミ》）、二代目教え主のご教示「今後十年は、人類界の存亡を決する最後の時代」にふさわしい最終年にも当たっています。

「最後の時代」の立春大祭のご教示の昭和五十七年も、五十七《ゴッドナル》（ゴッドナル）となっています。

さらに、平成二年の立春大祭、二代目教え主のご教示をご覧ください。

「ス」の大御神様はミロクメシアと変化あそばされまして、地上界に降り立たれておられます。いよいよミロクメシア白馬の蹄音耳朶を打ち、救世のみ力を揮い給う〝天の時〟が到来致しました。

二十一世紀に至る最後の十年間は、人類の生存か破滅かの運命を決する重大な期間でありました。真如逆法の激流が転換し、逆法の宗教、科学、医学、思想の迷信の壁が崩れて正法の奔流に切り替わりました。神界での天意の転換が地に移り、地上界の大転換が始まったことを示しております。

ミロク文明への「逆転酵素」の発見は、ミロクメシアの登場と一体になっています。

さらに、第一弾の大ユスブリ期となった阪神・淡路島大地震ともつながっています。

第二、第三弾の大地震も、艮（東北）の聖なるゴッドラインが引かれています。平成十六年（二〇〇四年）十月には、新潟県中越地方をマグニチュード7・8（震度七）の大地震が襲いました。さらに同年十二月にはスマトラ島大地震（マグニチュード9・3）がありました。同年は平成七年同様、九気暦の「五」の年でした。一―九の中心で、創造神の「ス」。二月四日（立春）も同暦の「五」の日。

平成十九年（二〇〇七年）七月には、再び新潟県中越地方に大きな地震（マグニチュード6・8）が起こりました。九気暦の「二」（地・土・生殖細胞）の年。

数象五・十の「八」・「五」・「二」ラインでつながっています。

神のみ光をいただいている「八」の赤血球、善玉菌と土（植物）と一体のＥＭの登場の「二」。

「五」・「八」・「二」は、神人合一、自人一体の科学（ヘソと土）へと昇華するようになっています。

日本列島の中央部に位置する日玉の国・高山の高原、〝位山〟、高山に屹立する主座《ス》には、天地を創造した人類共通の親神たる主神様が燦として奉斎《ほうさい》されています。

世界人類が危機に直面している今日、主神様の御出現と聖なるラインの確立は、危機を好機に切り替える最後のミチです。魂の浄化復興が急がれています。

第四章　科(仮)学文明の限界と環境ホルモン

謎を秘めた地・四国

神戸の門は、淡路の国生み神話で有名なイザナギイザナミの神を祀る自凝《おのころ》島神社につながっています。そして、淡路島の先には渦潮の回転する波動世界の鳴門（戸）海峡があります。

鳴戸には、波と回転の原理が秘められています。すなわち、万物創生の根源的パワーを表しているのが鳴門の渦潮です。渦潮は霊的に天界とつながっているに違いないでしょう。

ご神示の中で、「不二（ふじ）と鳴戸の仕組み」を公開されています。いよいよ、神の大仕組みが動き出したのでしょう。

鳴門の渦潮のさらに向こうには、四国が控えています。

明治維新には土佐から勤皇の志士たちを輩出し、八十八カ所の霊場あり、弘法大師の霊場巡りで有名ですが、日本の国土の中で、四国はこれまではどちらかといえば地味な存在でした。しかし、言霊では四国は死国、死の国に通じる謎を秘めた地なのです。

鳴門海峡のラインをさらに進めると、突き当たるのは日本のピラミッドネットワークに入っている「剣山」。この山は神秘に富んだ霊山です。あのノアの箱舟がアララト山に到着したのが七月十七日ですが、毎年、その日に剣山で御輿をかつぐお祭りが行われています。一説には、ソロモンの秘宝やアロンの杖などが隠されているとも言われる伝説の山です。

剣山の言霊「ツルギ」は、鶴亀《ツルギ》を連想させます。事実、山頂には鶴岩と亀岩があります。鶴と亀は、古くから長寿を表す、めでたさのシンボルでした。

科(仮)学文明の限界を警示

二十世紀後半、人類は産業、交通、通信など各分野のテクノロジーで驚異的な進展を遂げました。海や空は言うに及ばず、宇宙にまで頻繁に往来するまでになりました。

そして、昭和四十四年（一九六九年）七月、アメリカの有人宇宙船「アポロ11号」が月に到達し、アームストロング船長が歴史的な一歩を月面に印しました。

世界中の人が科学の勝利に酔いしれ、「アポロ、アポロ」と大騒ぎしている中、メシアは同年八月二十四日の十周年大祭のご教示で、その偉業を賞讃しつつも、科(仮)学文明の限界を次のように警示されました。

「大変な歳月と経費をかけて、月に着いてみたところが、月には草一本生えていない。とても人類が住める所ではないことが、いよいよはっきりしてしまいました。これは火星へ行ってみても、またいつまでやってみたところで同じなのであります」

「さて、奇しくも三年前、すなわち昭和四十一年十月十一日の午前五時に賜わった御誓言がありますが、そのご啓示では、『月神の世はいずれも突き当たってしまうものなり。『天炎爐《アポロ》・天炎呂《アポロ》の世』とならねば、神理、神学、霊智の世は明らかに判って参らざるなり』とあります」

アポロが月に突き当たったというのは、『天炎爐』である。一方においては科学の勝利であり、人間の能力が一段高い次元に達したということでありますが、それとともに単純に賞讃だけしてはおれない世が来ていることに気づかなければならないのであります。

これで月の世は終わる。月系神が主宰されてきた時代は終わって、神霊界の政府の政治は一転していくことが、このアポロの月着陸によって示されているということです」

アポロ宇宙船の月面着陸。すでにその三年前にメシアを通して神組み手に予告され、それが主神様のご経綸の進捗とかかわりがあったことが初めて明らかになりました。

神のご経綸――神界の想いは、現界に移（写）っていきます。現世《うつしよ》ですから、そのおコトバどおり、完璧です。

アポロ11号の月突入で、「天炎爐・天炎呂の世」となっていくことをご覧ください。

「アカツキに祈れ」と申すと、一夜明けてアカナとなる暁のことですが、天のアカツキは地のアカツキを起こすことになります。

天界《あま》のアカツキは、天神詰気《あかつき》（天《あ》は火・日・陽・霊・五・「ス」）で、火の神の気絶え間なく醞醸《かもし》だし、詰まり気満ちる気いっぱいの相《すがた》です。

発すれば、天界《あま》も地界《ちみ》も天気炎重《あけぼの》（ののノは、ヽ・「ス」からたれ下がる、天降る相《すがた》）となります。

アカツキからアケボノ故、火の気、地の上に強くなるのは当然です。

天炎　爐（呂）

←←　←

陽火「ロ」↓陽霊の「ラ」開きの、神の世の岩戸開きの「八」の世となっていきます。ちなみに、「ロ」は回転の義。

「五・六・七」と書いてミロクと読む故

真言密教の創始者である弘法大師・空海は、約一千二百年前、即身成仏を遂げる前に高野山奥の院において次のように遺告しました。

「吾閉眼の後は必ず都卒天（四次元界の上層部）に往生し、弥勒（ミロク）慈尊と共に下生せむ」

この空海の言葉は〝都卒天上生の大事〟と称する重大因縁として今に伝えられております。

「五十六億七千万年の後、吾は必ず弥勒慈尊と共に下生する」

と預言しましたが、「五・六・七」と書いてミロクと読むことはこれ故なのです。

私（八白・土星）の前途を占いましたが、おそろしいほどに私の未来をピタリと預言していました。

目的は、「七赤」。赤―『赤血球先天八卦図』、七は「ヒフミ」の七「火水土」

の「ツチ」（ツチ）。「第一未来、経過、変化」の「離」――「九紫」は、火、赤、血液、書籍、文書、神となり、それをもとに赤血球（血液）の本（『言霊がエイズウイルスの謎を解く』）を書くこととなりました。

「結果」の「乾―六白」の総合象意は天。「天意の転換」（〝天の岩戸開き〟）。目的の七赤（兌宮）の象意による、急変が予告されていた、常識では考えられない〝事件〟が起きて、昭和六十三年にメシアとのご縁が生じました。神仕組みでした。

空海のおコトバどおり、空海と一体で書かせていただいたといえます。

危機的な環境ホルモンの「胎児への影響」

立花隆氏は、環境ホルモン白書ともいうべき著書『環境ホルモン入門』で、「科学の限界を認識したうえで、取り組むべき」と述べておられますが（くわしくは後述）、これは、受精卵の発生は神の創造の「タテ・ヨコ」で行われますから、環境ホルモン問題の因果関係を「ヨコ」だけの物質的レベルで証明することは不可能――ということを言っておられることと同じです。

胎児が危ない!!　生命は神の創造であり、ケミカル・マシンではないことに気づきましょう。

受精卵の発生は「霊体」の血（土）肉化で、「無」→「有」であることを環境ホルモン問題の基本にとらえましょう。

横浜市立大学の井口泰泉教授の危機感も、「胎児への影響」に収斂《しゅうれん》します。

「僕はここまできたら大人なんてどうでもいいと思っているのです。また、もう生まれてしまった子供には『不運だった』と我慢してもらうしかないと思っています。その子たちのためには治療方法を考えていくしかありませんが、問題はやっぱりこれから生まれてくる子供なんです。胎児への影響。それにすべての研究を集中してほしいと願っているんです。エストロゲン（卵胞ホルモン）レセプター（受容体）を使ってエストロゲンの作用を調べたらどうだこうだという研究がありますが、大人のレセプターではそうなるかもしれないけど、胎児のレセプターではどうなるかわからないじゃないか。大人のレセプターでは正常という反応を見せても胎児のレセプターが同じ反応をするかどうか。いや、大人のレセプターと胎児のレセプターが同じかどうか、僕はわからないと思っている。もちろん常識的には同じと考えることができますが、情報を受け取ったあとの反応が違うかもしれない。つまりそれが恐ろしいんです。大人のホルモン作用は可逆的だけど、胎児のホルモン作用は不可逆的なことがある。一度、暴露してある方向に進むと、それが元に戻らない。大人と同じレセプターなら、そんなことはないはずなのに、胎児だと起きてしまう。なんでそうなるのか、そこがわからないのです。だから、同じものという先入観を捨てて、胎児と大人のレセプターを比べてみなければいけない。それが本当の基礎研究なんです。まずそれをはっきりさせ、環境ホルモンで暴露された卵子や精子がどうなるか、胎児がどうなるか、胎盤からどれだけ暴露するのか、母乳からはどうかということを確実に検証していく。そうでなければ何も意味はないと思っているんです」（『環境ホルモンという名の

悪魔』ひろた　みを・著、廣済堂出版）

このように、「大人のホルモン作用は可逆的だけど、胎児のホルモン作用は不可逆的なことがある」に注意しましょう。

発生の要、胎盤造血

マコト科学を智るには、土（地）を取り込んだヘソと一体の自然（至善）の神（カ）学を学ばねばなりません。

前にも少し述べましたが、ここでさらに詳しく述べると、ヘソは胎盤（卵子の生殖細胞）が子宮に〝根〟をおろし、母胎から赤血球をもらい、胎児特有の赤血球をつくっています。

胎児の赤血球のヘモグロビン（赤血球の主成分）は、肺呼吸の赤血球と比べて特に酸素を捕捉しやすいものになっています。造血と呼吸は密接で一体です。新生児は産声とともに多機能の〝体外器官〟から離れ、胎盤造血から小腸造血へ、胎盤呼吸から肺呼吸へと生理的な大変動が起こります。土と一体の善玉菌が出てきます。

人工的に「有」→「有」で出来た合成化学物質である環境ホルモンなどの「異物」を見てください。

胎盤（ヘソ）造血は発生の要ですが、これは「胎盤関門」と呼ばれ、自然の中にある毒物や大部分の病原菌などは通しません。外部の有害な影響から胎児を完壁に守る盾（関所）の役を果たしていると考えられているのです。しかし、前にも述べたように、この胎盤は病原菌よりも小さいウイルスやニコチン、麻薬、有機水銀などのような現代文明が生み出した有害化学物質のほとんどを通してしまうのです。なぜなら、それらが〝招かざる「異物」〟だからです。

環境ホルモンのうち、毒性が高いと思われる物質ほど脂に溶けやすいために脂肪などに蓄積されやすくなります。その生物を上位の生物が捕獲、摂取するという食物連鎖によって濃縮が繰り返され、その結果、上位の生物は摂取する有害物

オンタリオ湖におけるＰＣＢの生物濃縮

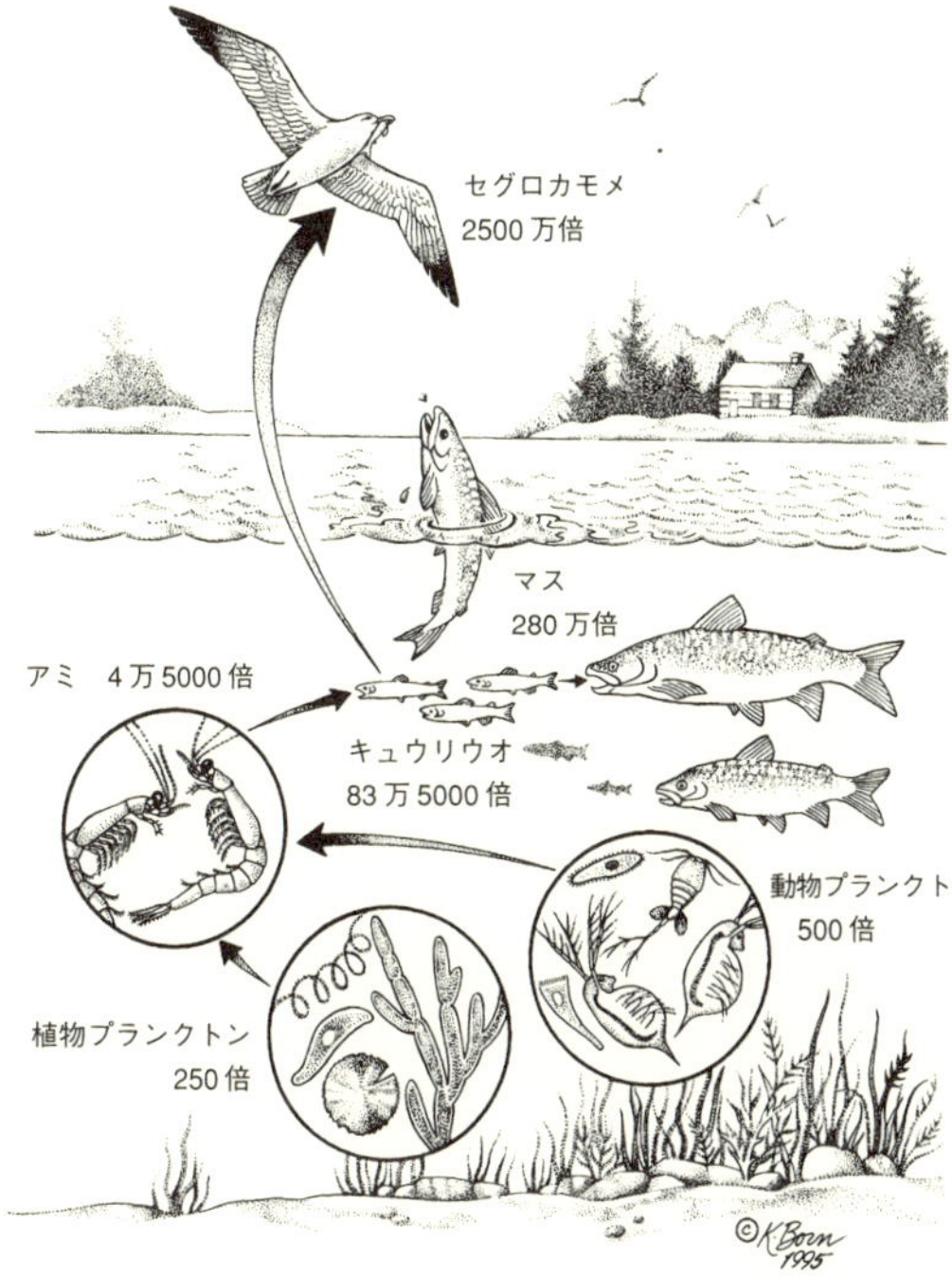

食物連鎖の網をくぐり抜けていく過程で、動物の脂肪組織に濃縮されたPCB 量は、通常の 2500 万倍にも達してしまう。まずは微生物が、湖底に沈殿している汚染物質と水から残留性化学物質を摂取する。続いて、この微生物が、動物プランクトンに捕食される。すると今度は、この動物プランクトンを、アミが捕食し、続いて魚類がそれを捕えていく。こうして次々と食物連鎖を上りつめていった PCB は、セグロカモメの体内に収まることになるのだ。

(「奪われし未来」(シーア・コルボーン、ダイアン・ダマノスキ、ジョン・ピーターソン・マイヤーズ・共著、長尾　力・訳　翔泳社)より)

質の量も多くなります。

そこで当然、胎児は〝吸収されたものが血となる〟で、母胎の赤血球をもらって胎盤で自己特有の血をつくっていますから、「異物」の洗礼を受けることになります。

さらに生後は、母親の〝血が乳となる〟ですから、病気から守るために与えられるようになっているはずの母乳を介して、母親から乳児へ譲り渡されてしまいます。左の「出産による母乳、血液中のダイオキシン濃度の変化」の図表は、ヒトの女性が出産でどれだけ体内のダイオキシン類の蓄積量が減るかということを調べたものです。

出産を機に、母体のダイオキシン量が急激に減少していることが確認できます。減少したダイオキシン類は、当然、胎盤を通して胎児へ移行したと思われます。

出産による母乳・血液中のダイオキシン濃度の変化

●初産のお母さんと2児以上出産したお母さんのダイオキシンとジベンゾフランの濃度の比較

	2.3.7.8ダイオキシンとしての濃度(pg/gまたはppt)	
	初産のお母さん(255人の平均)	2児以上出産のお母さん(250人の平均)
母乳	2.3	1.2
母乳の脂肪当たり*	57	30

注1) *母乳の脂肪含有率を4%と仮定している。
注2) 「Chemosphere 16,2047、1987」(Ogaki J.et al)をもとに作成。

●分娩後の授乳によるお母さんの血液のPCB濃度の減少

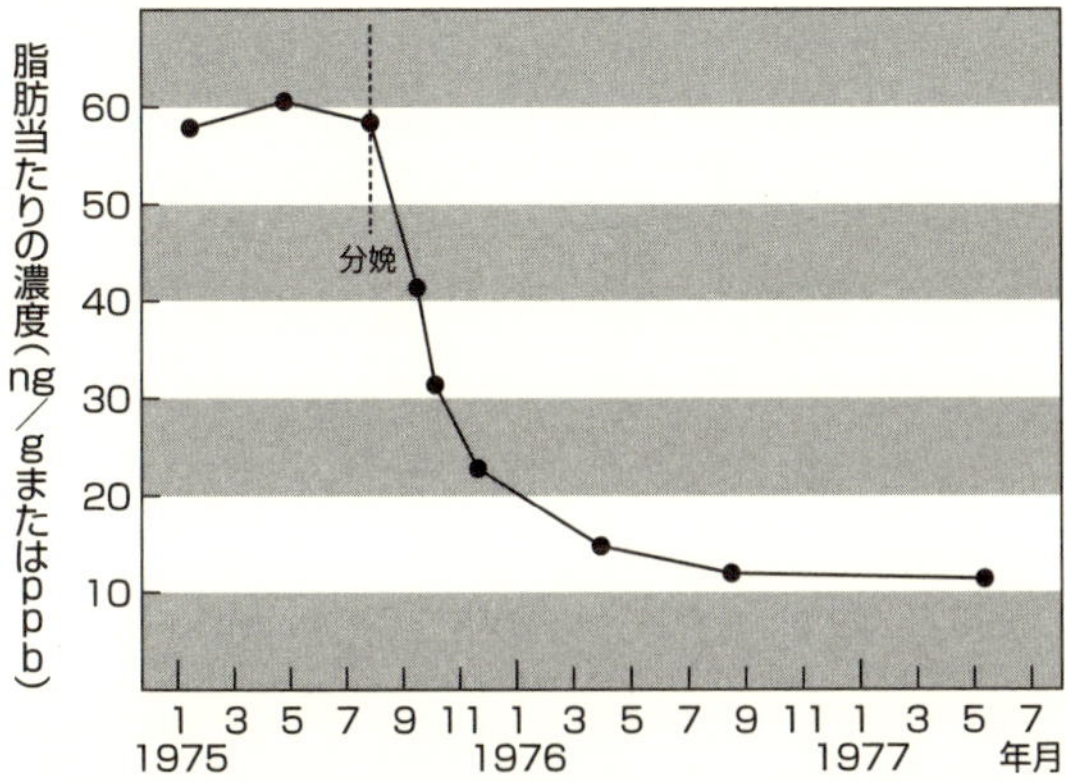

注)「Archives of Environmental Contamination and Toxicology 7,493、1978」(Yakushiji T.et al.)による。
「しのびよるダイオキシン汚染」長山淳哉著(講談社)より

(「環境ホルモンという名の悪魔」(ひろた みを・著 廣済堂出版) より)

大人よりも胎児の方が薬物に過敏に反応

ダイオキシンを妊娠十七日目の親ラットに投与して、環境ホルモンにどれだけ暴露されたか、浸透具合をみた実験によると、四日目の妊娠二十日目で親ラットの肝臓の活性酸素は九・三倍、胎盤では二・五倍ですが、胎児の肝臓では約六十倍にもなっていることがわかりました。

母親が受け取ったダイオキシンが胎児にも作用し、大きな影響を与えていて、大人よりも胎児の方が薬物に過敏に反応するということをあらわしています。胎内で「器官分化」とともに系統発生が進み、ヒトと呼んで差し支えない一つの顔が見られるようになった受精六週ごろから八週末にかけて、生殖器系の分化が行われます。

環境ホルモンは、従来の合成化学物質とは異なり、ごく微量で生殖器系などに影響を及ぼすという特徴があります。

日本人の血液、肝臓および脳のダイオキシン類の濃度

2,3,7,8-ダイオキシンとしての濃度（pg/gまたはppt）

ダイオキシン類	脂肪組織	血液	肝臓	脳
ダイオキシン	14.1	0.06	1.7	0.10
ダイベンゾフラン	8.8	0.05	3.6	0.35
コプラナーPCB	19.0	0.04	2.0	0.12
合　計	41.9	0.15	7.3	0.57
脂肪含有率（%）	76.7	0.45	6.4	10.3
脂肪当たりの濃度 （pg/gまたはppt）	54.6	33.3	114.1	5.5

（Hirakawa H. *et al.* : Organohalogen Compounds　,93, 1992）

（「環境ホルモン入門」立花隆＋東京大学教養学部立花隆ゼミ著 新潮社より）

上の「日本人の血液、肝臓および脳のダイオキシン類の濃度」の表を見ると、やはり脂肪組織の濃度が一番高く、血液が低くなっていて、〝血が肉となる〟を示しています。

大切な器官である脳は、「血液脳関門」という防御機構の働きで血液についで低いと考えられますが、「胎盤関門」同様、ダイオキシンは〝招かざる「異物」〟ですから、関門があっても脳内に入り込んでいることは驚くべきことです。

加えて、この表は成人に関するデータですから、成人には問題ない化学物

質でも、乳幼児にとっては致命的なダメージを与える恐れがあります。いわんや胎児においてをや、です。

胎児の血中には、胎児性タンパクというのがあって、実験的にホ乳類の胎児にエストロゲン（女性ホルモン）を届けようとすると、胎児性タンパクがそれと結合してホルモンとしての働きを無効化してしまいます。

ところが、女性ホルモン様物質の環境ホルモンの場合は、胎児性タンパクとは結合せず、厄介なことにレセプター（受容体）とくっついたらなかなか離れないという性質を持っていて、男性ホルモンの働きをブロックしてしまいます。

胎児の胎盤血液、母体の血液、臍帯血でも、ＤＤＴの代謝物質であるＤＤＥや農薬のＨＣＢが観察されています。

また、環境ホルモンは、脳の「血液関門」、胎盤の「胎盤関門」、胎児にもある「胎児胎盤関門」のほか、精巣の「精巣関門」もスルリと通り抜けてしまいます。

胎内で、もしくは生後間もない時期にホルモン撹乱物質に汚染された実験動物は、成長後に異常行動をとることが多いといわれます。

以下、実験動物にあらわれた影響を取り上げてみます（『環境ホルモン入門』立花隆+東京大学教養学部立花隆ゼミ・共著、新潮社）。

〔マウス〕

・「スピニングシンドローム」（かごの中でくるくると、病的に回り続けてしまう）

・反応の鈍化

・学習能力の劣化

・攻撃的行動の増加（尿マーキングを頻繁に行ったり、戦う回数が増えたりした）

〔ラット〕

・迷路走行でエラーを繰り返したり泳ぎがなかなか覚えられなかったりと、運動機能に障害が見られた

〔アカゲザル〕

・記憶障害

・学習障害
・運動機能障害

その他に、これら実験動物のすべてから多動症（落ち着きがなくなる）が数多く報告された。

生殖系の細胞・器官の正常な発生も阻害する合成化学物質

既成理論は本質的に「水」（物質・細胞・ＤＮＡ・セントラルドグマ）だけでみた世界観、生命観に立っていますから、物質である環境ホルモンが生体ホルモン様に働くことを物理的には説明できても、なぜ、女性ホルモン（エストロゲン）は類似物質、男性ホルモン（アンドロゲン）は遮断物質であって、男性ホルモンは類似物質でないのかの理由はわかりません。さらに、女性ホルモン様化学物質と天然の女性ホルモンの構造を比較すると、外見上は似ても似つかないのに、なぜホルモン様に作用があるのか説明できません。

合成化学物質のレセプター効果

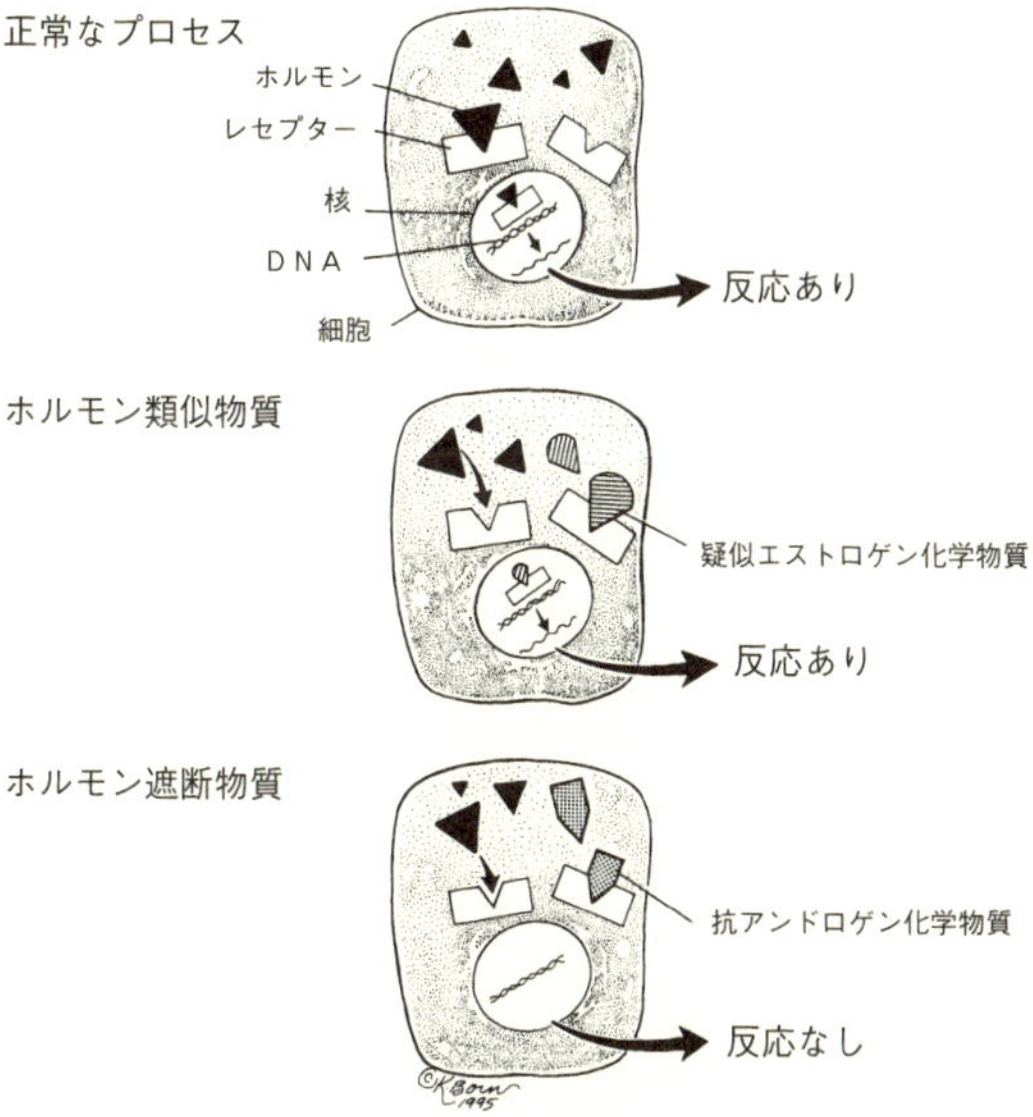

ホルモンとそのレセプターは、鍵と鍵穴のように一致する。通常は、天然ホルモンが、レセプターと結合し、細胞核内の遺伝子を活性化して、しかるべき生体反応を生み出す（上）。擬似ホルモン（ホルモン類似物質）の場合も、レセプターと結合して同じ反応を生み出す（中）。ホルモン遮断物質の場合には、反応を生じさせることはできないものの、天然ホルモンとレセプターとの結合を阻害する（下）。環境内に放出されたある種の合成化学物質は、擬似ホルモンや遮断物質のようにふるまい、細胞の活動を阻害してしまう。レセプターよりも数で勝る化合物が、細胞内の反応をつかさどっているというわけである。

（「奪われし未来」（シーア・コルボーン、ダイアン・ダマノスキ、ジョン・ピーターソン・マイヤーズ・共著、長尾　力 訳　翔泳社）より）

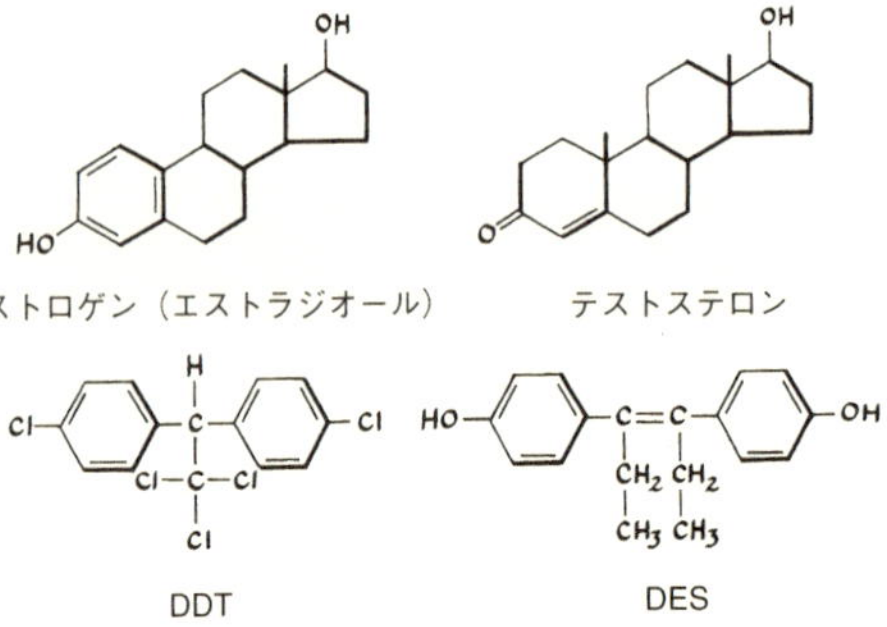

化学構造の比較。天然女性ホルモン（エストラジオール、一般にはエストロゲンと呼ばれる）。天然男性ホルモン（テストステロン）。殺虫剤 DDT。エストロゲン様合成女性ホルモン DES（ジエチルスチルベストロール）。驚くべきことだが、外見上は似ても似つかない DDT と DES が、天然女性ホルモンとよく似たふるまいを見せることがわかっている。

（「奪われし未来」（シーア・コルボーン、ダイアン・ダマノスキ、ジョン・ピーターソン・マイヤーズ・共著、長尾　力 訳　翔泳社）より）

上の、殺虫剤ＤＤＴと合成女性ホルモンＤＥＳ（ジエチルスチルベストロール）とエストロゲン（天然女性ホルモン）の化学組成の違いは、化学を勉強したことのない人でさえ一目瞭然で、構造上は混同することは絶対有り得ないでしょう。

ところが、人体はＤＤＴやＤＥＳを天然の女性ホルモンと取り違えてしまうのです。

「土」の受精卵は精子（「火」・男）と卵子（「水」・女）の霊体が合一（核が融合）、「陽・陰」の「火・水・土」となる赤血球（「火」）をつくる力（植物のネ力）がついたものです。

「左〝先〟・右〝後〟」で左型アミノ酸・タンパク質の赤血球の中に右型ＤＮＡが生じます。ケミカル・マシンではありません。

このため、形づくりの発生は「無」↓「有」ですから「有」↓「有」で出来た合成化学物質である環境ホルモンなどは生体にとっては「異物」（〝毒物〟）です。

薬害事件で有名になったサリドマイドの教訓は、この神の創造を示すミクロの「生命世界の非対称性」（「生命科学最大の謎」）でした。

「異物」ですから血の汚れとなり、〝血となり肉となる、生殖細胞にもなる〟（「火・水・土」）の生命【イノチ】の力をソぎます。

物質（「水」・女・陰・右）として作用しますから、男性ホルモン類似物質でなく、女性ホルモン類似物質、男性ホルモン遮断物質として働くわけです。

すなわち、「異物」としての合成化学物質は、物質（「水」・女・陰・右）として、男性（「火」・陽・左）化を遮るのみならず、〝生殖細胞にもなる〟力を弱めますから、女性になる生殖系の細胞・器官の正常な発生も阻害することになります。

生命の力（産霊の力）の「左〝先〟・右〝後〟」（「ヒ」〝先〟・「ミ」〝後〟）ならぬ逆の「右〝先〟・左〝後〟」の力が働くからです。

精子数の激減、子宮内膜症の増加、オスのメス化、雌雄同体など、生殖異変をきたしている環境ホルモン問題の根本原因はここにあるといえます。

「奪われし未来」「メス化する自然」などと形容されるゆえんです。

遺伝情報を読み出す過程でホルモンが作用

ヒトの性分化の仕組みをみても、「ヒ」〝先〟・「ミ」〝後〟（「左〝先〟・右〝後〟」）となっています。

ヒトが男になるか女になるかを決定するのは、染色体の組み合わせによります。染色体にはXとYがありますが、その組み合わせがXYだと精巣が形成され、XXだと卵巣が形成されます。

しかし、染色体がかかわるのはここまでで、ここから先は性ホルモンが重要な役割を果たします。

染色体の組み合わせがＸＹで精巣が形成されると、そこから「ヒ」の男性ホルモン（アンドロゲン）が分泌されます。これが男性生殖器の元となる「ヒ」のウオルフ管を発達させ、同時に精巣から分泌されるミュラー管抑制ホルモンが、女性生殖器の元となる「ミ」のミュラー管を退化させます。

しかし、胎児の卵巣からは「ミ」の女性ホルモンは分泌されません。つまり「ヒ」の精巣がなく、男性ホルモンとミュラー管抑制ホルモンが分泌されなければ自動的に男性生殖器の元となるウオルフ管が退化し、ミュラー管が発達して女

ヒトの性分化の仕組み

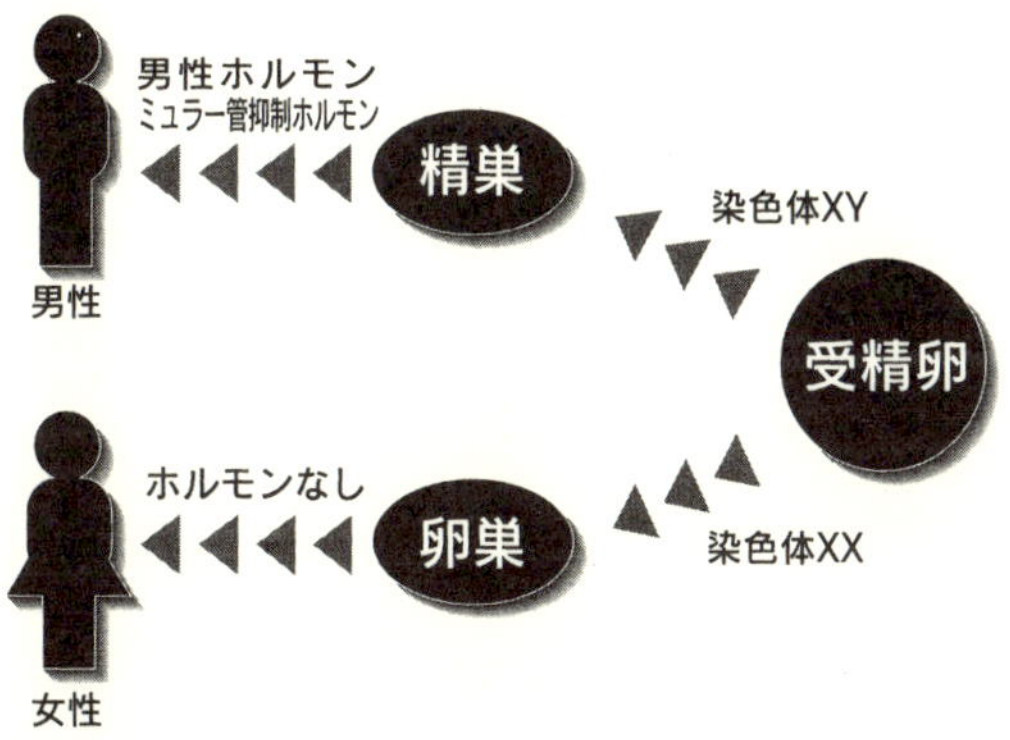

(「環境ホルモンの恐怖 人間の生殖を脅かす化学物質」(井口泰泉・監修、環境ホルモン汚染を考える会・編著 PHP 研究所）より)

性生殖器が出来る仕組みになっているわけです。

種の存続に必要な男性生殖器の発生は、「ヒ」〝先〟・「ミ」〝後〟です。

ちなみに、女性ホルモンは成長してから分泌されるようになり、それが乳房の発達などを促すことになります。

実際に、環境ホルモンが甲状腺ホルモンに影響を与えることがわかってきています。どうやら、一部の環境ホルモンは甲状腺ホルモンを抑制させる傾向があるようです。

甲状腺ホルモンは脳の発達に不可欠なホルモンであり、これが少ないと神経系の発達が抑えられます。

ホルモンが作用するのは、遺伝子の転写と呼ばれる、遺伝情報を読み出す過程です。

「火・水・土」でいえば、赤血球のDNA・細胞化の「水」の段階で、細胞にあるセントラルドグマ（DNA――〈転写〉RNA――〈翻訳〉タンパク質）に従います。

一つ一つの遺伝子に、それをどう読み出すかを決める転写因子と呼ばれる化学物質因子がくっついていて、さらにその転写因子の働きを調節する転写調節因子がくっついています。

遺伝子は、読み出し過程において、それらの因子による修飾・調節作用を受けますから、同じ遺伝子でも、発現の仕方が全然違ってきたりします。

生体の各現場で遺伝情報の具体的な働き（発現）を決定するのは、その読み出し過程であり、それは一連の化学情報分子の総合的な働きによって決まります。

そしてホルモンは、その化学情報分子の最も重要な一角なのです。

つまり、遺伝情報の読み出し発現のすべてのプロセスにわたって、ホルモンが不可欠で決定的な役割を果たしています。

遺伝情報の読み出し、発現は、受精卵の個体発生に必要ですが、出生後の人間を含むすべての生物で、生きている限り、休みなく全身の全細胞で常に行われています。

このような大切な働きをする生体分子のホルモンに代わって、ホルモン様の働きをする合成化学物質、赤血球のＤＮＡ・細胞化の異常がガンであることを考えると、環境ホルモン問題は重大です。しかも、胎児の場合は「無」→「有」で組織・器官が形成されていくのですから深刻です。

環境ホルモン問題解決には生命観、世界観の大転換が必要

環境ホルモン問題では、精子の数の激減と生殖器関係のガンの増加、また動物実験では生まれながらに生殖器の異常が起きることがわかってきました。

ヒトでも新しいデータによると、尿道下裂は二十五年間で二倍に増加し、最も重度の例が、平均的な例よりも増加の割合が高いといいます。

受精卵の発生は「無」→「有」の「タテ・ヨコ」で行われますから、環境ホルモン問題の因果関係を「ヨコ」だけの物質的レベルで証明することは不可能です。それだけに事態は深刻で、生命観、世界観の大転換をはかるほかミチはありません。

前にも少しふれたように、立花隆氏は、環境ホルモン白書ともいうべき著書『環境ホルモン入門』（新潮社）の第三部「環境ホルモンの真の怖さ」で、「科学の限界を認識したうえで取り組むべき」と述べておられます。少し長くなりますが、〝真の怖さ〟を理解していただくために、その要旨を引用させていただきます。

「環境ホルモンがどのように内分泌系を撹乱するかのメカニズムは、実際のところはあまりわかっていない。

一般には、ホルモンと構造が似ているためにホルモン・レセプターが天然ホルモンと区別できないということがいわれている。しかし、数ある化学物質の中には、ホルモンの合成や分解を阻害もしくは促進するものやホルモンの輸送系を破壊するものまで、さまざまな内分泌撹乱作用を持つものが存在する可能性がある。

環境ホルモンの作用の複雑さを表す例として、単独ではそれほど強力な撹乱作用はないのに、他の化学物質と混ざるとホルモン作用を示すという相乗効果のある物質も知られている。

疑わしき合成化学物質の種類は膨大だが、発生過程への影響を特に重視し、内分泌系以外への影響も念頭において広い視野で臨むことが重要だろう。

これまでのところ、環境ホルモン問題の危険性の証明は、主として野生動物の世界で起きた具体的な事例と、実験動物を使った実験の結果と、人間社会で起きた不幸な事件の記録、さまざまな疫学的データなどからなっている。

その証明の程度はというと、環境にばらまかれた各種の化学物質によって多種の生物社会にとんでもない異変が起きているという事実は十分に認められるものの、これから、同種の物質によって、ヒトにどれだけの異変が起きうるのかという将来予測になると、確度の高い予測は大変むずかしいというところだろう。

基本的には、動物もヒトもほとんど同じ生理メカニズムを持っているのだから、動物に起きたことはヒトにも起きうると原則的にはいえる。

だから、この問題を最も深刻に受けとめて対処しなければならないというのはまずもって当然のことといえる。

環境にばらまかれた各種の化学物質によって、各種の生物社会にとんでもない異変が起きているという事実は十分に認められるが、物理学のレベルの厳密な因果関係の証明などほとんど不可能といって過言ではない。

このため、『危険だと科学的に証明されていない』と文句はつけられるが、一方で『安全だ』という証明もできない。

こういう問題を考えるうえで大切なことは、科学というものの限界をはっきり認識しておくことである。

実は、科学というのは、本質的に〝説〟にすぎない。ニュートンの万有引力説だって、アインシュタインの相対性理論だって、みんな説にすぎないのである。だから、ニュートンの万有引力説は後にアインシュタインの相対性理論によって修正を受けたわけだし、アインシュタインの相対性理論にいたっては、いまでも最終的に証明がなされた、なされていないという議論が続いているほどである。精密な計測が可能な物理の問題ですらそうなのだ。

環境ホルモン問題は、基本的にわからないことだらけで、対策を講じようにも、基本データがあまりにも不足しており、まず何よりも、大量の調査研究が必要である。

これは一国だけで解決できる問題ではない。問題の深刻さ、広がりの大きさから考えて、世界全体が協力して、事の解決にあたらなければならない問題なのだ。

すでに人類社会の重要な構成要素として、生活のすみずみにまで入り込んでしまった化学物質は、数十万種を超えるといわれるが、本当はその総目録を作りあげ（化学物質の相当部分が、企業秘密にかかわるため、総目録を作ることは容易でない）、その基本構造から環境ホルモン性が疑われるもの（ホルモンに類似の構造を持つもの）をすべてリストアップし、それをテストしなければならないのである」。

おわりに

さて、読者のみなさま、いかがでしたでしょうか。

本書では、ミロクの大原理による神の創造について書かせていただきましたが、本書を読んでいただいた方はもうすでにご存じのように、これらのことはすでに預言されておりました。

神はみんなわかっておられたのです。

神は光なり言霊なり――です。

人は誰でも幸せを願っていますが、シアワセとはなんでしょうか。それは、「ス」イアワセ、すなわち「ス」意（創造神のみ意）に合わせるということです。具体的には、霊魂・霊体の神聖化につとめ、ご経綸成就のお役に立たせていただけるものは幸せになるようになっている、ということです。

神は、大愛をもって「赤血球先天八卦図」「アイウエオ」「ヒフミ」「九気（星）暦」のなかに、智恵の実（文明原理・ヒトのミチ）を用意してくださっていました。

この「実」をいただければ、物質に重きを置いたものの見方は一変し、人類が神の子として互いに尊重し合い、争うことの愚かしさ、おそろしさに気づくことでしょう。

それこそが、神・人一体、自然・人一体のミロクの世の到来となるわけです。

本書を書くにあたっては、後出の「参考文献」を見てもおわかりのように、実に多くの著者の方々のお世話になりました。しかし、それらの著者の方々もまた、神に動かされていたと申せましょう。

本書に使用させていただいた方々に、改めてお礼と感謝を申し上げます。

これからは、人類がマコトの赤血球と「アイウエオ」で結ばれる他、救いの道はありません。私は、「自分にしかできないことをさせていただこう」という一心で本書を書き上げました。

「はじめにコトバ（言霊）があった。神はコトバなり」

ありがとうございました。

平成二十一年三月吉日

参考文献

▽『生命科学と人間』　中村桂子・著、ＮＨＫ市民大学
▽『生命科学の世界』　渡辺格・著、ＮＨＫ市民大学
▽『細胞の社会』　岡田節人・著、講談社ブルーバックス
▽『ＥＳ細胞』　大朏博善・著、文藝春秋文春新書
▽『クローンと遺伝子』　岩崎説雄・著、ＫＫベストセラーズ
▽『複製人間クローン』　熊谷善博・著、飛鳥新社
▽『絵でわかる遺伝子とＤＮＡ』　石浦章一・著、日本実業出版社
▽『遺伝子のしくみと不思議』　横山裕道・著、日本文芸社
▽『生命』　丸山圭蔵・著、共立出版
▽『生命の謎をさぐる』　渡辺格・編著、学陽書房
▽『簡要　血液学』　三浦恭定・監訳、メディカル・サイエンス・インターナショナル
▽『血液の雑学事典』　飛岡健・著、日本実業出版社
▽『生命世界の非対称性』　黒田玲子・著、中公新書
▽『植物的生命像』　古谷雅樹・著、講談社ブルーバックス
▽『生物の雑学事典』　大宮信光・著、日本実業出版社
▽『胎児の世界』　三木成夫・著、中公新書
▽『胎児の環境としての母体』　荒井良・著、岩波新書
▽『生命操作と人間の未来』　毎日新聞一九八一年元旦号
▽『近代科学を超えて』　村上陽一郎・著、日本経済新聞社
▽『新しい科学論—事実は理論をたおせるか』　村上陽一郎・著、講談社ブルーバックス
▽『性の源をさぐる』　樋渡宏一・著、岩波新書
▽『科学の現在を問う』　村上陽一郎・著、講談社現代新書
▽『病原菌はヒトより勤勉で賢い』　本田武司・著、三五館
▽『生命科学の新しい流れ』　山口雅弘・著、同文書院

▽『ウイルスとガン』 畑中正一・著、岩波新書
▽『ウイルスとどうつきあうか』 畑中正一・著、NHKライブラリー
▽『生命進化7つのなぞ』 中村運・著、岩波ジュニア新書
▽「免疫・『自己』と『非自己』の科学」 多田富雄・著、NHK人間大学
▽『生命の起源を探る』 柳川弘志・著、岩波新書
▽『生物進化を考える』 木村資生・著、岩波新書
▽『発生のしくみが見えてきた』 浅島誠・著、岩波書店
▽『試験管のなかの生命』 岡田節人・著、岩波新書
▽『新しい生物学』 野田春彦、日高敏隆、丸山工作・共著、講談社ブルーバックス
▽『ホヤの生物学』 中内光昭・著、東京大学出版会
▽『遺伝子が語る生命像』 本庶佑・著、講談社ブルーバックス
▽『分子生物学入門』 丸山工作・著、講談社ブルーバックス
▽『人体は進化を語る』 坂井建雄・著、ニュートンプレス
▽『図解　そこが知りたい！遺伝子とDNA』 中原英臣・監修、久我勝利・著、かんき出版
▽『生命科学と人間』 中村桂子・著、NHKブックス
▽『進化をどう理解するか』 根平邦人・著、共立出版
▽『がん細胞』 岡田節人・著、東京大学出版会
▽『生物学で楽しむ』 吉野孝一・著、講談社ブルーバックス
▽『教室では教えない植物の話』 岩波洋造・著、講談社ブルーバックス
▽『生殖生物学入門』 舘鄰・著、東京大学出版会
▽『狂牛病ショック』 石原洸一郎、鹿野司・共著、竹書房
▽『生命と地球の歴史』 丸山茂徳、磯崎行雄・共著、岩波新書
▽『地球と生命の起源』 酒井均・著、講談社ブルーバックス
▽『宇宙の果てにせまる』 野本陽代・著、岩波新書
▽『新しい科学史の見方』 村上陽一郎・著、NHK人間大学

▽『生命と自由』　渡辺慧・著、岩波新書
▽『物質の究極は何だろうか』　本間三郎・著、講談社現代新書
▽『生命をつくる物質』　岸本康・著、講談社ブルーバックス
▽『精神と物質』　立花隆、利根川進・共著、文藝春秋
▽『人類究極の選択』　岸根卓郎・著、東洋経済新報社
▽『ここまでわかった作物栄養のしくみ』　高橋英一・著、農文協
▽『クローン技術』　クローン技術研究会著、日本経済新聞社
▽『乳酸菌生成エキスの不思議』　富澤孝之・著、史輝出版
▽『古細菌の生物学』　古賀洋介、亀倉正博・共編、東京大学出版会
▽『細菌の逆襲が始まった』　宮本英樹・著、ＫＡＷＡＤＥ夢新書
▽『腸内細菌の話』　光岡知足・著、岩波新書
▽『栄養士必携』　日本栄養士会・編、第一出版
▽『からだ革命』　原山建郎・著、日本教文社
▽『体によい食事ダメな食事』　幕内秀夫・著、風涛社
▽『ライフスタイル革命』　ハーヴィー・ダイアモンド、マリリン・ダイアモンド・共著、松田麻美子・訳、キングベアー出版
▽『図解　土壌の基礎知識』　前田正男、松尾嘉郎・共著、農山漁村文化協会
▽『地球環境を土からみると』　松尾嘉郎、奥薗寿子・共著、農文協
▽『遺伝子組み換え食品の危険性』　緑風出版編集部・編、緑風出版
▽『遺伝子組み換え食品がわかる本』　村田幸作、清水誠・共編著、法研
▽『遺伝子組換え食品』　日本農芸化学会・編、学会出版センター
▽『遺伝子組み換え作物に未来はあるか』　柳下登・監著、塚平広志、杉田史郎共著、本の泉社
▽『禁断の革命』　渡辺雄二・著、デジタルハリウッド出版局
▽「生命誕生の神秘」・「徹底解明宇宙の果て」　Ｎｅｗｔｏｎ一九九七年・三月号　ＫＹＯＩＫＵＳＨＡ
▽「地球創造の一五〇億円」　Ｎｅｗｔｏｎ一九九八年・三月号　ニュートンプレス
▽「食べ物がもつ生命力」（医・食の新しい潮流）　伊藤慶二・文　「正食」（一九九八年・六月号）、正食協会

▽『左回り健康法則』　亀田修・著、ワニの本、ＫＫベストセラーズ
▽『かたちと空間―多次元世界の軌跡』　宮崎興二・著、朝倉書店
▽『環境ホルモンという名の悪魔』　ひろたみを・著、廣済堂出版
▽『奪われし未来』　シーア・コルボーン、ダイアン・ダマノスキ、ジョン・ピーターソン・マイヤーズ・共著、翔泳社
▽『メス化する自然』　デボラ・キャドバリー・著、井口泰泉・監修、集英社
▽『環境ホルモンの恐怖』　環境ホルモン汚染を考える会・著、井口泰泉・監修、ＰＨＰ研究所
▽『環境ホルモン入門』　立花隆、東京大学教養学部立花隆ゼミ・共著、新潮社
▽『気のつくり方・高め方』　佐々木茂美・著、ごま書房
▽『気がもっとわかる本』　佐々木茂美・著、ごま書房
▽『気と人間科学』　湯浅泰雄編、石川光男・著、平河出版社
▽『日本人の脳、続日本人の脳』　角田忠信・著、大修館書店
▽『世界謎の超文明―超古代文明』　斎藤守弘、金森誠也・共著、新人物往来社
▽『謎の竹内文書』　佐治芳彦・著、徳間書店
▽『ふしぎな記録第三巻』　浅見宗平・著、自由宗教一神会出版部
▽『象学・運命の構造』　長武寛・著、平河出版社
▽『日本ピラミッド超文明』　伊集院卿、太平光人・共著、学習研究社
▽『密教占星術Ⅱ』　桐山靖雄・著、平河出版社
▽『言霊―ホツマ』　鳥居礼・著、たま出版
▽『出口王仁三郎　三千世界大改造の真相』　中矢伸一・著、ＫＫベストセラーズ
▽『日月神示―神一厘のシナリオ、日月神示』　中矢伸一・著、徳間書店
▽『法滅尽経』　由木義文・著、大蔵出版
▽『ＮＨＫ日本のうたふるさとの歌』　講談社
▽『わらべ歌風土記㊦』　浅野建二・著、塙書房
▽『復活！ピラミッドパワー』　ピラミッド情報班・著、ウィーグル
▽『大予言事典』　学習研究社

▽『易が語る語源の神秘』　児井英義・著、共栄書房
▽『ピラミッドの謎』　吉村作治・著、講談社現代新書
▽『易経の謎』　今泉久雄・著、光文社
▽『キリストは日本で死んでいる』　山根キク・著、たま出版
▽『言霊姓名判断』　坂口光男・著、ＫＫロングセラーズ
▽『超古代日本語が地球共通語だった！』　吉田信啓・著、徳間書店
▽『超古代日本は世界の臍だった』　吉田信啓・著、文化評論出版
▽『新約聖書』　日本聖書協会
▽『コトバの原典』　松下井知夫、大平圭拮・共著、東明社
▽『甦る未来』　比嘉照夫・著、サンマーク出版
▽『微生物の農業利用と環境保全』　比嘉照夫・著、農山漁村文化協会
▽『地球を救う大変革』　比嘉照夫・著、サンマーク出版
▽『地球を救う大変革２』　比嘉照夫・著、サンマーク出版
▽『地球を救う大変革３』　比嘉照夫・著、サンマーク出版
▽『マンガ地球を救う大変革』　比嘉照夫・監修、川上ケイ原作、林伸彦・画、サンマーク出版
▽『ＥＭ環境革命』　比嘉照夫・監修、綜合ユニコム
▽『ＥＭ産業革命』　比嘉照夫・監修、綜合ユニコム
▽『ＥＭ医学革命』　比嘉照夫・監修、綜合ユニコム
▽『微生物が文明を救う』　比嘉照夫、渡部昇一・共著、ＰＨＰ研究所
▽『ガンの疫学と血液』　千島喜久男・著、地湧社
▽『血液と健康の知恵』　千島喜久男・著、地湧社
▽『蘇生ＥＭ海塩の驚異』　比嘉照夫、知念隆一・共著、綜合ユニコム
▽『水からの伝言』　江本勝・著、波動教育社
▽熊本日日新聞　▽朝日新聞　▽日本経済新聞

●著者紹介
福島教義（ふくしま　のりよし）
昭和24年に熊本日日新聞社に入社。取材部、校閲部を経て、定年退職。その後、生命科学等に興味を持ち、研究を続け当書を完成するに至る。

ミロクの世界の幕が開く！

2009年4月21日　初版第1刷発行

著　　者　福島教義
発 行 者　韮澤潤一郎
発 行 所　株式会社たま出版
〒160-0004　東京都新宿区四谷4-28-20
☎03-5369-3051（代表）
http://tamabook.com
振替　00130-5-94804

印 刷 所　神谷印刷株式会社

ISBN978-4-8127-0274-1 C0011